Christian Felix Weiße

Die verwandelten Weiber oder der Teufel ist los

Eine komische Oper in drei Aufzügen

Christian Felix Weiße

Die verwandelten Weiber oder der Teufel ist los
Eine komische Oper in drei Aufzügen

ISBN/EAN: 9783741168765

Hergestellt in Europa, USA, Kanada, Australien, Japan

Cover: Foto ©Angelika Wolter / pixelio.de

Manufactured and distributed by brebook publishing software (www.brebook.com)

Christian Felix Weiße

Die verwandelten Weiber oder der Teufel ist los

Die verwandelten Weiber,

oder:

Der Teufel ist los.

Eine komische Oper

in drey Aufzügen.

Zweyte Auflage.

Leipzig,
in der Dyckschen Buchhandlung.
1772.

Personen.

Herr von Liebreich, ein Landedelmann.
Frau von Liebreich, dessen Gemahlinn.
Jobsen Zeckel, ein Schuhflicker.
Lene, dessen Frau.
Mikroskop, ein Zauberer.
Kellner,
Koch,
Kutscher,   } des Herrn von Liebreich.
Bedienter,
Hannchen, } Mädchen der Fr. von Lieb-
Lieschen,   reich.
Andreas, ein blinder Musikante.
Verschiedene Bediente, Unterthanen und Nachbarn des Herrn von Liebreich.
Etliche Geister.

Der Schauplatz ist bald in des Herrn von Liebreichs Hause, bald in des Schuhflicker Zeckels Wohnung.

(Nach dem Devil to pay or the Wives metamorphosed des Herrn Coffey.)

Erster Aufzug.

Erster Auftritt.

Des Schuhflickers Haus.

Jobsen, Lene.

Lene.

Ich bitte dich, lieber Jobsen, bleib' immer diesen Abend bey mir, und mache dich einmal zu Hause lustig!

Jobsen.

Halts Maul, Frau, und spinne! denn fehlt mirs an Draht, so soll Dirs übel bekommen.

Lene.

Ach ja, das weiß ich wohl! Wenn Du in die Schenke läufst, das Deinige verthust, und voll, wie ein Sack wieder nach Hause kömmst,

kömmst, so bist Du kein Mensch, und hältst auch andre nicht dafür.

Jobsen.

Wie? willst Du raisonniren, Rabenaas? — Weißt Du wohl, daß ich König und Herr in meinem Hause bin?

Lene.

König und Herr — Ja, Du siehst einem ähnlich! Doch — noch einmal Jobsen, geh' immer diesen Abend nicht in die Schenke!

Jobsen.

Gut, ich will Dir folgen; aber werde mir nicht stolz drauf! Zu Hause werde ich zwar nicht bleiben; aber ...

Lene.

Aber da bin ich gebessert. Wenn Du nicht in der Schenke trinkst, so trinkst Du bey deinen Saufbrüdern: nicht wahr?

Jobsen.

Jobsen.

Halts Maul, Hexe! Du wirst doch nicht verlangen, daß ein Mann, wie ich, deinetwegen keine Assamblée mehr besuchen soll? Ich bin diesen Abend zu des Junker Liebreichs Kellner gebeten, und da will ich mich recht fürstlich im Punsch betrinken. Wir sollen einen Napf haben, so groß — so groß, daß man drinnen schwimmen kann.

Lene.

Aber, lieber Mann, die Leute sprechen ja, die neue gnädige Frau ließe niemanden über ihre Schwelle: sie gönnte ihren Bedienten nicht einen Trunk Kofent, und hätte schon manchen mit blutigem Kopfe fortgeschickt, weil sie nur nach Biere gerochen hätten?

Jobsen.

Freylich wohl! sie hat schon dem guten Junker den Kopf ganz verrückt. Aber dem Himmel sey Dank! sie schmaußt einmal bey ihren Verwandten in der Nachbarschaft, und da wird sie doch der Henker vor Abends nicht nach Hause führen. Siehst Du? diese Gelegenheit muß man sich zu Nutze machen. Wenn die Katze nicht zu Hause ist, so tanzen die Mäuse auf Tisch und Bänken. Wir haben einen Musikanten bestellt, und werden, wie die Böcke, herumspringen.

Lene.

O lieber Mann, laß mich mitgehen! Du weißt, ich tanze so gerne.

Jobsen.

Wie? Du wolltest in eine Gesellschaft von solchen glattbärtigten Kerlchen gehen, die nichts thun, als essen, trinken und schlafen? nein, nein; ich will kein Thier mit Hörnern werden.

Lene.

Ich weiß gewiß, ich würde ihnen willkommen seyn! Du hast mir schon seit unsrer Hochzeit versprochen ...

Jobsen.

Jobsen.

Nichts, nichts habe ich versprochen. Kein Wort weiter! — Geh und spinne, oder mein Knieriem soll sich erschrecklich um Dich herum winden.

Das allerbeste Weib bleibt doch
Des Mannes ärgste Plage:
Doch quält sie ihn mit Zank und Schreyn;
So bäng er ihr den Brodkorb hoch,
Und sorge, ihr mit jedem Tage
Den Rücken zehnmal abzubläun.

Lene.

Ja ja, wir armen Weiber müssen immer die Sklavinnen unsrer Männer seyn.

Immer Bier und Brantewein
Muß den Herrn zu Diensten seyn:
Aber wir
Sitzen hier,
Dürfen uns niemals erfreun:
Und wenn wir darüber schreyn;
Weh uns armen Weiberlein!

O die Hofmädchen sind gewiß auch dabey, und wer weiß, was vorgeht, weil ich nicht dabey seyn soll.

Jobsen.

Ich glaube gar, das Ding läßt sich einfallen, eifersüchtig zu seyn? Ich rathe Dir! — Und wenn mirs auch einfiele, einer ans Kinn zu greifen, weißt Du wohl, daß dazu eine Frau nicht muchsen darf?

Lene.

So? Je nu, so kann ich mir auch einmal die glättbärtigen Kerle lassen ans Kinn greifen.

Jobsen.

Ah! das ist was ganz anders. Was ich thun kann, darfst Du Dir nicht thun lassen. Du mußt wissen, daß der große Mogul ein ganzes Regiment von Weibern hat, und ich bin mehr, als zehn große Moguls: denn er ist doch nichts weiter, als ein blinder Heyde, der in die Hölle kömmt.

Lene.

Lene.

Ich möchte auch wissen, was er mit funfzig Weibern anfangen wollte?

Jobsen.

Was, was, Du Närrinn? das weißt Du nicht? Sie schreyen ihm die Ohren voll, und er klopfet sie der Reihe nach durch.

Lene.

Pfui, Zeckel! Ich möchte keinen großen Mogul zum Manne haben; und wenn ich funfzig Männer haben könnte, so würdeß Du mir doch immer der liebste seyn.

Jobsen.

Nun, das ist brav, Lene. Ich verspreche Dir, ich will kein großer Mogul werden. Du verdienst, daß ich großmüthig gegen Dich bin: (er suchet die Schubsäcke durch) da, Lene, hast Du sechs Pfennige; thue Dir was zu gute, weil ich nicht zu Hause bin.

Lene.

Lene.

Ja, für sechs Pfennige, das wird was rechts werden!

Jobsen.

Wie, Närchen, bist Du so reich, daß sechs Pfennige für dich nichts sind? — Meine ganze Kasse? Kaufe Dir für 1 Pfennig Aepfel, für 1 Pfennig Pflaumen, für 1 Pfennig eine Semmel, und für 3 Pfennige ein Nößel Bier, so hast Du ein fürstlich Trakement. — Du kannst die Katze dazu in Schwanz kneipen, so hast Du Tafelmusik, und wenn Du tanzen willst, so eröfne den Ball mit dem Spinnrocken. Hehehe!

Lene

Wenn ich nun auch spräche, wenn Du mich küssen willst: geh, reibe Dir den Bart an der Schubbürste?

Jobsen.

Lene, Lene, thue mir nicht so klug! So bald die Weiber klug werden, so ist der Mann

Mann ein Narr. Wären sie es in der Stadt weniger, so brauchten die Männer nicht so viel Schwäger zu ernähren. Fort, an die Arbeit! führe Dich hübsch mit deinem Spinnrocken auf: meine Gesellschaft wird auf mich warten.

(geht singend ab.)

Das allerbeste Weib bleibt doch
Des Mannes ärgste Plage:
Doch quält sie ihn mit Zank und Schreyn;
So häng' er ihr den Brodkorb hoch,
Und sorge, ihr mit jedem Tage
Den Rücken zehnmal abzubläun.

Zweyter Auftritt.

Lene (allein.)

Schön gut! ich will ihm zum Possen auch das Spinnrad nicht anrühren. ... Aber es fällt mir noch was ein. Wenn Zecken dort ist, so will ich hingehen, und sagen: Der Gerichts-

Gerichtshalter hätte fragen laſſen, ob ſeine Schuhe geflickt wären? Die übrigen werden doch ſo höflich ſeyn und mir auch ein Gläschen Punſch anbieten. — Je nu, wenn mir Jobſen auch einen Knips giebt. —

Ohne Müh iſt ſelten Brodt;
Freude ſelten ohne Noth;
Nie ein Ehmann ohne Plage;
Kinder niemals ohne Klage:
Doch wünſcht jede, ſo wie ich,
Brodt, und Mann, und Kinder ſich!

(Sie geht ab.)

Dritter Auftritt.

Kellner, Koch, Bedienter, Kutſcher, Lieschen, Hannchen.

(Die Scene ſtellt einen Saal in Junker Liebreichs Hauſe vor.)

Kellner.

Nun wollte ich, daß der blinde Muſikante und unſere Nachbarn kämen. Der Napf Punſch

Punsch ist fertig. Ah! das ist ein Trank! — Wenn uns nur nicht der Henker unsere Frau über den Hals führet.

Lieschen.

Ja, das fehlte uns! Seit ich in dem Hause bin, habe ich keine vergnügte Stunde gehabt. Das ist ein Zankteufel!

Kellner.

Ich wollte wetten, auf einem Zuchthause gieng's lustiger zu, als bey uns. Es dauert mich nur der Junker: er ist der beste Herr von der Welt. Nichts, als Liebe und Freygebigkeit!

Bedienter.

Vom ersten Augenblicke an, da sie ins Haus kam, hat sich's Oberste zu unterst gekehret, vom Himmel zur Hölle!

Hannchen.

Seine vorige Frau — ja, das war eine andere Frau!   Kell-

Kellner.

Ja, die war die Güte selber! Der Himmel gebe ihr noch heute eine sanfte Ruhe! Die da, hat eine Legion Teufel im Leibe: stets schmeißt sie wie eine Furie um sich.

Lieschen.

Wahrhaftig, ich weiß davon ein Liedchen zu singen! Wenn ihr früh der Spiegel die Wahrheit saget, so kriege ich gewiß ein Dutzend Ohrfeigen.

Hannchen.

Ich dächte, niemand fühlt' es mehr, als ich. Hat sie des Morgens nicht ausgeschlafen, und sieht von der Galle grün und gelb aus, so kann ich drauf rechnen, daß ich auf den Abend braun und blau aussehe.

Lieschen.

Heute Morgen foderte sie ein Glas Wasser. Ich bring ihr eins. Schwap hatte

ich's

ich ——ns Gesichte. Hannchen konnte sich des Lachens nicht enthalten: Schwap hatte sie eine Ohrfeige! Aber es soll auch die letzte seyn, die sie mir giebt. Morgen des Tages sag' ich ihr den Dienst auf.

Hannchen.
Es wackeln mir noch alle Zähne davon.

Koch.
Ich wollte, daß sie der Henker holte! Denn führt er sie einmal in die Küche, so geht Topf und Tiegel nach meinem Kopfe: pritz, pratz, ein Stück nach dem andern! Ein Zotelbär ist ein höflicher Thier, als sie. So bald aber meine Zeit um ist, so fodere ich meinen Lohn und ziehe ab.

Bedienter.
Das will ich auch thun, und damit holla. Der Himmel steh' nur unserm armen Herrn bey!

ben! denn sie bringt ihn gewiß noch unter die Erde.

Kutscher.

Ihre Zunge ist in beständiger Bewegung, und sie hat eine so verdammte helle Pfeife im Halse, daß einem die Trummel im Ohre zerspringen möchte. Wer wollte in einem solchen Hause bleiben? Ein Kutscher muß gute Worte kriegen, und seine Pferde satt Haber und Heu! Ich zieh' auch ab. Sie mögen sehen, wo sie einen andern Kutscher herkriegen.

Kellner.

Je nun, so ziehe ich auch ab. Wenn man sich so viel ärgert, so bekömmt einem kein Trunk. Ich sollte an meines Herrn Stelle seyn!

Koch.

Und sie sollte meine Frau seyn! Ich wollte gar anders mit ihr herum springen.

Ant-

Kutscher.

Sie sollte thürängelt werden, daß es eine Art hätte.

Bedienter.

Unser Herr ist ein guter Herr. Er hat sie nicht lange: sie sieht eben so unrecht nicht aus ...

Lieschen.

Ansehn hin, Ansehn her!

v. 1.

Ist das ein schön Gesicht,
Das oft die Wuth entstellet,
Dem Zorn die Nase schwellet,
Gluth aus den Augen sprühet,
Ihm Stirn und Mund verziehet?
Das wär ein schön Gesicht?
Fürwahr, ich glaub' es nicht!

v. 2.

Doch ist es jenes nicht,
Das, wenn es Schönheit schmücket,
Durch Freundlichkeit entzücket,
Den Ernst durch Scherz vergütet,
Mit Lächeln selbst gebietet,

Mit Sanftmuth widerspricht?
Ja wohl, ein schön Gesicht!

Koch.

Unser Herr sollte sie nur mir in die Zucht geben! Wenn ihr einmal die Lust ankäme, aufzuräumen, wie wollt' ich sie —

v. 1.

O dürft' ich sie! wie wollt' ich sie! : :
    Der erste Topf
    Flög ihr an Kopf,
Dann Löffel und Gabel und Messer:
    Wie jungen Tauben, dreht ich ihr
    Den Hals herum: ich steh' dafür,
Dann würd' es mit ihr besser!

v. 2.

Ja, hätt' ich sie! wie wollt' ich sie! : :
    Wie Hecht und Hahn
    Fieng ich sie an
Zu kochen, zu sieden, zu braten:
    Nach Gutbefinden hieng ich auch
    Sie zu den Schinken in den Rauch,
Was gilts? sie ließ sich rathen.

— Kellner.

Kellner.

Und mir sollte sie einmal in Keller geraft kommen, und mir an meine Fässer klopfen —

v. 1.

Zuerst legt' ich sie unterm Hahn,
Und ließ den Wein in Hals ihr laufen;
Da sollt' und müßte sie mir saufen;
Und stünd' ihr dieß nicht an:
So ruft' ich meine Kellerknechte,
Wir gäben ihr die Kellerrechte
So lange, bis sie gut gethan.

v. 2.

Gefiel's ihr noch nicht fromm zu seyn;
So kriegt' ich eins der größten Fässer,
Ich nähm mein großes Spündemesser,
Und spündete sie ein:
Dann wollten wir sie weidlich rütteln,
Sie rollen, durch einander schütteln,
Was gilt's, sie sollte klüger seyn.

Hannchen.

Ja ja, auf eine Weile! Wo der Henker aber einmal einer Frau im Kopfe sitzt, da muß der ganze Kopf herunter, sonst ist alles umsonst. Ich halte hier nicht länger aus: ich will einen Mann haben, und ohne gesunde Glieder bedankt sich einer.

v. 1.

Krumm und lahm
Kriegt man selten einen Mann:
Sollt' ich mich denn selber hassen,
Prügeln, stoßen, schlagen lassen?
Nein, das Ding steht mir nicht an.

v. 2.

Mein Gesicht
Ist ja noch so häßlich nicht:
Aber ohne Zahn und Augen
Möcht' es nicht zur Liebe taugen,
Und der Lieb' entsag' ich nicht.

v. 3.

Unserm Herrn
Dient' ich zwar von Herzen gern:
Aber solche schlimme Sachen

weiß er doch nicht gut zu machen; wo er ist, ist sie nicht fern. Es bleibt dabey, ich ziehe ab.

Alle.

Ja ja, ich ziehe auch ab. Wir ziehen alle ab.

Vierter Auftritt.
Die Vorigen, Jobsen, der blinde Musikante Andreas, und etliche Nachbarn.

Kellner.

Willkommen, willkommen, herzlich willkommen, alle mit einander! — Nu, wie gehts, Du ehrlicher, guter Jobsen? Ich habe Dir einen wackern Napf Punsch zurechte gemacht: ich weiß gewiß, Du sollst mit mir zufrieden seyn.

Jobsen.

Jobſen.

Nu, das iſt brav! ich komme auch in dem feſten Vorſatze, mich ſo reich als ein Junker zu trinken, ob ich gleich nur ein armer Schuhflicker bin. Ich bin ein ehrlicher alter Degenknopf, und ſehe den Trunk für die beſte Beſchäftigung eines rechtſchaffenen Kerls an.

Kellner.

Komm, Jobſen! Ihr andern Herren kommt auch mit. Wir wollen unſern Punſchnapf in Proceſſion abholen.

(Sie gehen ab.)

Fünfter Auftritt.
Die Vorigen.

(Sie kommen in einem Aufzuge zurück. Der Koch geht mit den Lichtern voraus. Ihm folget Andreas. Jobſen trägt einen großen Punſchnapf. Der Kellner und Kellerknecht gehn

gehn zu beyden Seiten mit zwey kleinern
Näpfen. Die übrigen folgen paarweise mit
Gläsern in den Händen, womit sie einen Ca-
rillon machen. Lichter, Punsch und Gläser
werden auf den Tisch gesetzt. Jobsen stellt
sich in der Mitten zwischen den Kellner und
Kellerknecht, und die übrigen umher.)

Jobsen.

v. 1.

Auf! holder Bachus, krön' die Nacht
Mit deinen Fröhlichkeiten!
Und wenn des Lebens Gram erwacht,
So hilf ihn uns bestreiten!
Auf! fülle den mächtigen funkelnden Becher,
Daß jeder getreue und durstige Zecher
Durch Singen und Springen die Freude
   vermehre,
Und jauchzend die schäumenden Gläser itzt
   leere!

v. 2.

Ja, mächt'ger Bachus, gieb uns Kraft,
Da wir dich trinkend bitten:
Laß von dem angenehmen Saft
Kein Tröpfchen uns verschütten!
Gebiete den Stunden, die eilends entfliehen,
Daß sie sich verlängern, zu Tagen verziehen,
Und gieb sie uns öfter, damit wir in Freu-
den
Das Leben genießen, und frölich verschei-
den.

Kellner.

Ein recht vollgestrichnes Glas her! unser
gnädigster Churfürst und die ganze Chur-
fürstliche Familie soll leben! Hoch!

Alle.

Hoch!

Jobsen.

s. 1

Dieß Glas gilt unsers Fürsten Heil.
Das Glück sey seiner Herrschaft Theil!

Es mögen Berg' und Hügel sinken,
Wir wollen Seen trocken trinken:
Bis wieder der Berge erhabene Spitzen
Von Strahlen der Sonne die Felder durch-
blitzen.

v. 2.

Dieß bring' ich, trauter Bruder, dir,
Und du, Herr Bruder, bring es mir!
Wann wir den ganzen Tag durchtrunken,
Bis tief die Sonn' ins Meer gesunken:
So trinket, ihr niemals verdrossenen Brü-
der,
Den Monden herüber, dann trinkt ihn auch
nieder!

Sechster Auftritt.

Die Vorigen, Lene pocht an.

Lene.

Heya! heya! —

Jobsen.

Zum Hexter, was für eine Heyastimme
störet uns in unserer Lustigkeit?

Kellner.

Heh! herein!

Alle.

Je, Lenchen, willkommen! willkommen! — das ist brav! —

Jobsen.

Was unterstehst Du Dich, meinem Commando zuwider hieher zu kommen? — Ist Dir der Punschgeruch in die Nase gefahren? — Warte, warte! ich will Dich hinunter in die Entenpfütze tragen, damit Du Dir die Kehle ausspühlen kannst.

Lene.

Ach, lieber Jobsen! der Gerichtsverwalter ließ fragen, ob seine Schuhe fertig wären, und ich konnte sie nicht finden.

Jobsen.

Hätteſt Du ihm nur gesagt, er sollte seine Fußsohlen mit Zwecken beschlagen! — Der Dieb hat mich ohnedieß das letztemal um ein neues Schock gestraft, da ich zu tief ins Glas geguckt und im Dorfe, Feuer! geschrieen hatte, weil es in meiner Kehle brannte. Ich will ihm aber das nächstemal einen Stift von einer halben Elle lang in seine Hufeisen schlagen, daß er lebenslang hinken soll. — Nu, Du kannst nur wieder deiner Wege gehen. ••• Doch, noch eins, lege indessen meinen Knieriem zurechte! Du mußt für die Verwegenheit gestraft werden, daß Du mich gehindert hast, dieß Glas in einem Zuge zu leeren.

(Sie fallen alle über Jobsen her, und bitten, daß er Lenen da läßt.)

Kellner.

Pfui, Jobsen! ein Mann muß Respekt in seinem Familium haben, aber er muß nicht mit dem Knierieme regieren. — Da Lenchen, trink' eins mit uns!

Lene.

O lieber Jobsen! Du siehst, sie bitten alle, wer wird denn so unhöflich seyn •••

Ein Bedienter.

Ja, Bruder Jobsen, es fehlt uns so an Frauenzimmerchen. Wir wollen eins tanzen, und deine Frau soll die Ballköniginn seyn.

Jobsen.

Ha! Gälschnabel! willst Du mir etwa die Krone machen?

Alle.

Ja, Lenchen muß hier bleiben.

Kellner.

Ja, sie muß. Ich höre so gern singen, und ich weiß, Lenchen singt, wie ein Amselchen: sie muß mir eins singen —

Alle.

Ja, Lenchen muß ein's singen.

Jobsen.

Nu, weils der Herr Bruder Kellner so haben will, so bedanke Dich bey ihm, wenn ich dasmal ein Auge zudrücke.

Lene, singe du!
Ich, ich trinke dazu.
Und kann ich nicht mehr trinken,
So will ich dir schon winken!
Itzt, itzt singe du!
Ich, ich trinke dazu:
Denn itzt kann ich noch trinken.

Lene.

Aber ich schäme mich vor so vielen Herren.

Kellner.

Nu nu, wenn Du getrunken hast, so wirst Du Dich schon nicht mehr schämen.

Lene (trinkt.)

Wohl dann! auf Gesundheit des Herrn Kellners und der ganzen werthen Gesellschaft.

Alle.

Hoch!

Lene.

v. 1.

Ohne Lieb' und ohne Wein,
Was wär unser Leben?

Alles, was uns kann erfreun,
Müssen diese geben.
Wenn die Großen sich erfreun,
Was ist ihre Freude?
Hübsche Mädchen, guter Wein,
Einzig diese beyde!

Alle.

Hübsche Mädchen, guter Wein;
Einzig diese beyde!

v. 2.

Sieger, die des Siegs sich freun,
Fragen nichts nach Kränzen;
Sie erholen sich beym Wein
Und bey schlauen Tänzen:
Uns drückt oft des Lebens Pein,
Doch nur wann wir dürsten:
Aber gebt uns Lieb und Wein:
O, so sind wir Fürsten!

Alle.

Aber gebt uns Lieb und Wein,
O, so sind wir Fürsten!

(Sie machen ein verwirrtes Geschrey.)

Lieschen.

Ich dächte, Kinder, wir fingen immer an zu tanzen.
(Sie nimmt den Koch.)

Hannchen.

Nu, Vater Andres, streicht auf!
(Sie nimmt den Bedienten.)

Lene.

Komm er her, Herr Kellner: ich tanze mit ihm.

(Sie stellen sich, und fangen deutsch an zu tanzen. Nach einigen Reihen kömmt die Edelfrau mit großem Geschrey! jedes will sich verbergen, und rennt wider einander an.)

Siebenter Auftritt.
Die Vorigen, Herr und Frau von Liebreich.

Edelfrau.

Himmel und Erde! was giebts in meinem Hause? — Ist der Teufel gar los? —

was für eine Heerde wilder Menschen ist hier? — (Sie geht auf den Kellner los) Heh! Schlingel, rede!

Herr von Liebreich.

Seyn Sie ruhig, meine Liebste! Ich sehe es gerne, wenn meine Leute sich nach der Arbeit eine kleine Ergötzlichkeit machen.

Edelfrau.

Und ich sehe es gerne, daß es in meinem Hause ruhig ist.

Herr von Liebreich.

Ich dächte, Madam, dieß Haus gehörte mir so wohl als Ihnen?

Edelfrau.

Aber ich bin Herr darinnen. Ich will Ihnen darum nicht so viel zugebracht haben, daß Sie meiner vor dem Pöbel mißhandeln? Gehen Sie zu Ihren Hunden und Pfer-

ober der Teufel ist los.

Pferden, wo Sie hingehören: hier will ich befehlen und mir nicht von einem solchen Dorfjunker, wie Sie sind, widersprechen lassen.

Herr von Liebreich (bey Seite.)

Nun! das heißt auch an ein beständiges Ungewitter verheurathet seyn: bald werde ich's nicht länger ausstehen.

Edelfrau.

Und ich nicht bey Ihnen — (zu ihren Leuten) Ihr lüderlichen Schurken und unverschämten Menscher! Ich will euch lernen Zuckerbröschen fressen und mich bestehlen!

Kellner.

Ich dachte, gnädige Frau, weil Sie heute nicht zu Hause wären; wir dürften uns auch einmal einen guten Tag machen.

Edelfrau.

Einen guten Tag, Schlingel? einen guten Tag auf deinen Kopf! — (sie reißt ihm

ihm die Mütze aus der Hand, und schlägt ihn damit)
... Und du, Muz, (zu einer von den Mädchen) unterstehst Dich, nach einer lüberlichen Fiedel herum zu springen?

(Sie zupft sie bey den Ohren.)

Lieschen.
Au weh! meine Ohren! meine Ohren!

Herr von Liebreich.
Ich bitte, Madam, vergessen Sie doch Ihr Geschlecht und Ihren Stand nicht.

Edelfrau.
Und Sie nicht Ihren Unverstand! Sie sollen mir nicht Lehren geben: ich leide es ein für allemal nicht. ... (zum Kutscher) Wer steht denn hier so eingewickelt? Je Du infamer Kerl —

(Sie schlägt sie alle, Jobsen kriecht immer durch.)

(Zu Jobsen) Und Du, Spitzbube, was machst Du in meinem Hause?

Jobsen.

Jobſen.

Ich bin ein ehrlicher braver Schuhflicker und großer Sänger! Wenn Ihro Gnaden fleißiger in die Kirche giengen, so würden Sie mich über die ganze Gemeinde wegschreyen hören.

Edelfrau.

Warte! warte! ich will es hier hören!
(Sie schlägt auf ihn los.)

Jobſen.

Verflucht! ist denn hier gar der Teufel los?

Das allerbeſte Weib bleibt doch
Des Mannes ärgſte Plage : : =.

Edelfrau.

Wie, Spitzbube, Schurke! Du unterſtehſt Dich ...

Herr von Liebreich.

Nun, wird das Ding denn nicht bald ein Ende nehmen? — Nein, das ist unausstehlich!

Edel-

Edelfrau.

Unausstehlich? — Ich unglückliche Frau! ach! konnte der Himmel wohl einer so frommen Frau, als ich bin, einen so gottlosen Mann geben!

Lene.
(kriecht immer ihrem Manne nach.)

O! wäre ich doch nimmermehr hieher gekommen!

Jobsen.

Da siehst Du, wie's geht, wenn man seiner Obrigkeit nicht gehorchet!

Edelfrau (wird sie gewahr.)

Ha! was ist denn das für ein Nickelchen?

Jobsen.

Kein Nickelchen, eine ehrliche Frau! O wenn alle Weiber so unter der Herrschaft des Knieriems, stünden, wie sie, so würden sie sich nicht so ungebärdig stellen.

Edelfrau.

Was murmelst Du da in Bart, Kerl?

Jobsen.

Das allerbeste Weib bleibt doch
Des Mannes ärgste Plage: —

 (Lene hält sich beständig an ihren Mann an;
 dieser kehrt immer wieder zurück, wenn
 ihn die Edelfrau fortgejagt hat und singt:)

Das allerbeste Weib ꝛc.

Edelfrau.

Dieb! Spitzbube! Galgenschwengel! ——

 (Jobsen läuft endlich mit Lenen davon: sie
 wird den blinden Musikanten, Andreas,
 gewahr.)

Edelfrau (zum Andreas.)

Und Du, blinder Dieb, unterstehst Dich noch hier zu lehnen? warte! ich will deinem Gequäcke auf einmal ein Ende machen.

 (Sie reißt ihm die Geige aus der Hand
 und zerschlägt sie an ihm.)

Andreas.

Andres.

Mord! Mord! ich armer blinder Mann! welchen Weg soll ich laufen? — O Himmel! meine Geige! womit werde ich nun meine Frau und Kinder ernähren? —

Herr von Liebreich.

Hier, armer Mann, nehmt euren Stock und geht! — da habt ihr etwas, kauft euch eine andere —

(Er führet ihn ab.)

Edelfrau.

Immer geschenket und immer gegeben,
Sich selbst nicht, und nur andern leben,
Heißt bey Verschwendern, wohlgethan!
Man giebt, verschenket, füllt müßige
Hände,
Daß die wohlthätige Großmuth am Ende
Selbst hungern oder betteln kann.

In Wahrheit, Sie sind sehr freygebig. Darnach darf man sich wundern, wo das Geld hinkömmt?

Herr von Liebreich.

Lassen Sie sich unbekümmert! Es hat Ihnen bey mir noch an nichts gefehlet, und ich bin nicht Willens, Ihnen von jedem Groschen Rechenschaft zu geben.

Edelfrau.

So? — Wollen Sie mir etwan gar verbieten, daß ich nach meinem Eingebrachten fragen soll?

Herr von Liebreich.

Fragen Sie, wornach Sie wollen: ich will aber fragen, ob kein Mittel ist, wieder von Ihnen los zu kommen, und wenn mein ganzes Vermögen drauf gehen sollte. — (Es pocht jemand) Heh! ist keiner von den Bedienten da? — doch die armen Leute werden alle von mir verscheucht.

Achter Auftritt.
Die Vorigen, Kellner.

Edelfrau.

Ihr lüderlichen Schurken! wo steckt ihr denn alle? —— Wer pocht?

Kellner.

Ihro Gnaden, es ist der Herr Dokter Mikroskop hier; ein großer Mann, wie die Leutt sagen. Er hat sich, halt' ich, aufs Sterngucken gelegt, sagt einem alles, was man wissen will, hilft einem zu allem, was man verloren hat, und soll so gar Kalender machen.

Edelfrau.

Was will der Kerl hier?

Kellner.

Er hat sich unterwegens verirrt, und bittet um ein Nachtquartier;... da kömmt er selber.

(Geht ab.)

Neunter Auftritt.
Zauberer, die Vorigen.
Zauberer.

Ihro Gnaden verzeihen, daß ich zu einer so ungelegnen Zeit komme. Die Nacht hat mich überfallen, und es ist so finster, daß ich schwerlich den Weg nach Hause finden möchte. Vergönnen Sie mir nur diese Nacht über einen kleinen Aufenthalt unter Ihrem Dache ...

Edelfrau.

Wie? was? einen Hexenmeister? einen Zauberer? einen Zigeuner? das fehlte mir noch: fort! hinaus aus meinem Hause!

Herr von Liebreich (bey Seite.)

Madam, schämen Sie sich doch! Ich kenne den Mann ... Mein Herr, nehmen Sie es ja nicht übel! Meine Frau ist bisweilen etwas wunderlich; allein ...

Zauberer.

O ich sehe es! Welch eine Veränderung ist hier seit Ihrer seeligen Frauen Tode vorgegangen!

Edelfrau.

Da kömmst Du mir recht, Kerl, wenn Du mir von seiner seeligen Frau anfängst. Solche Taugenichts, wie Du, könnten das Grabscheit in die Fäuste nehmen. Wo Du mir nicht den Augenblick zum Hause hinaus gehst, so laß ich Dich hinaus prügeln.

Herr von Liebreich.

Sie sehen, mein Freund, daß ich bey mir selbst nicht Herr bin. Aber gehen Sie nur in das nächste Gäßchen, da wohnt ganz an der Ecke ein Schuhflicker; hier warten Sie ein wenig. Ich will indessen bey einem meiner Pachter fragen lassen, ob er Sie beherbergen kann? Er soll Sie alsdann dort abholen.

Edelfrau.

Gehe mir aus den Augen, Schurke, oder ich vergreife mich noch selbst an Dir!

Zauberer.

Ich danke Ihnen, gnädiger Herr. Glauben Sie nicht, daß ich ohne Absicht hieher gekommen bin; denn ich hätte im ganzen Dorfe eine Herberge gefunden. — Aber die Liebe für Sie, Ihre Unruhe, Ihre Gemahlinn — noch diese Nacht soll sie meinen Zorn fühlen. Sie sollen glücklich werden, oder — die Gestirne sollen mir meine Wissenschaft nicht umsonst gegeben haben.

(Geht ab.)

Edelfrau.

Ich glaube, der verfluchte Kerl droht mir gar? — und Sie können dieß anhören, ohne sich zu rühren? — Das Ding muß in mei-

meinem Hause anders werden, oder ich will
meinen Kopf nicht sanfte legen.

Herr von Liebreich.

Ja, ja, es soll anders werden: gedul-
den Sie sich nur! Es wird auch noch ein
Mittel seyn, mir Ruhe zu verschaffen, und
wenn es das äußerste wäre.

Edelfrau.

Das wollen wir sehen, das wollen wir
sehen!

(Geht ab.)

Herr von Liebreich.

Gewährt mir, ihr Götter, das einz'ge Be-
gehren!
O habt ihr kein Mittel mein Weib zu be-
kehren,
So führet sie zu dem entferntesten Strand!
Hier sey sie von meinen Augen verbannt.
Wo nicht, so weist mir aus Erbarmen
Nur eine niedre Hütte an,

Wo

Wo ich, der Freyheit in den Armen,
Froh leben, ruhig sterben kann.
(Geht ab.)

Zehnter Auftritt.
Des Schuhflickers Haus.
Lene (alleine.).

Unfehlbar ist mein Zeckel noch in die Schenke gelaufen, um sich ein wenig seines Schabens zu erholen, da uns die garstige Edelfrau die Freude verderbt hat. — Ich muß geschwind, weil ich noch alleine bin, einmal Schnupftabak nehmen: — (sie zieht ein blechernes Schächtelchen heraus) ich weiß nicht, seit mirs mein Mann verboten hat, schmeckt mirs erst gut, ob ich gleich nicht weiß, warum?

Verblert nur etwas der Frau, ihr guten
Herrn!
Ihr könnt uns doch nicht hüten:
Dann thut mans erst, dann thut mans
gern,
Weil Männer es verbieten.
Sonst hieß ich nur den Tabak Quark,
Schalt ihn und nahm ihn nie . . .
(sie nimmt Tabak)
Pfui, beißt er doch (sie nießt) Itzi, itzi,
Itzi — das Ding ist gar zu arg,
Itzi, itzi, itzi! . . .

Eilfter Auftritt.
Lene, Zauberer.
Lene.
(sie fährt zusammen, da sie ihn gewahr wird.)

Ah! was will der schwarze Mann hier?
es muß wohl gar ein Magister seyn!

Zaube-

Zauberer.

Seyd Ihr es nicht, mein liebes Kind, wo ich warten soll, bis mich ein Bedienter des Junkers zu einem seiner Pachter führen soll?

Lene.

Ich weiß von nichts, lieber Herr: aber wenn Ihr es haben wollt, so will ich Euch wohl hinführen, wo Ihr hin wollt.

Zauberer.

Ist nicht Euer Mann ein Schuhflicker?

Lene.

Ja, Jobsen Zeckel, mein Herr!

Zauberer.

Und Ihr heißt...

Lene.

Hübsche Leute heißen mich nur Jobsens Lenchen, oder Frau Zeckeln: mein Mann aber heißt mich kurzweg, Lene.

Zaube

Zauberer (bey Seite.)

Ha! meine Rache ist so gut als vollzogen. — (zu Lenen) Ihr werdet mich also zum Pachter führen, Lenchen?

Lene.

Warum nicht? und wenns noch zehnmal weiter wäre!

Zauberer.

Ich danke Euch, meine liebe Frau, und damit ich Eure Höflichkeit in etwas vergelten möge, so will ich Euch Euer Glück wahrsagen.

Lene.

O Gemine, ich habe mir in meinem Leben nicht wahrsagen lassen. — Aber was Gutes?

Zauberer.

Laßt mich einmal Eure Gesichtszüge betrachten.

Lene.

Lene.

Hihihi: ich schäme mich. Mein Gesicht sieht nicht gar zu reinlich aus, ich will mich erst waschen.

Zauberer.

Kommt! Kommt! Ihr habt ein gutes Gesicht; Ihr dürft Euch dessen nicht schämen; — bald werdet Ihr es an vornehmen Orten zeigen müssen.

Lene.

Ich? an vornehmen Orten? warum nicht gar? Ich rede ja so dumm, und gar nicht wie vornehme Leute.

Zauberer.

Man brauchet nicht vornehm zu seyn, um gut zu reden. Drücket Euch aus, wie es Euch die Natur lehret, und fasset einen Muth! Morgen, ehe die Sonne aufgeht, werdet Ihr das glücklichste Weib in dieser Gegend seyn.

Lene.

Ey! das wäre doch artig! morgen schon? Da ist ja nur ein Tag dazwischen! wie kann das seyn?

Zauberer.

Ihr sollt nicht mehr von Euerm unbarmherzigem Manne beunruhiget werden. Ich weiß es, daß er Euch nicht zum besten begegnet.

Lene (bey Seite.)

O Gemine! Auch das weiß er! Er muß gewiß ein Hexenmeister seyn. — (zum Zauberer) Ja, ja, mein Mann ist wohl ein bischen arg, und wenn er einen Rausch hat, so krieg' ich's zu fühlen: doch das hat so gar viel nicht zu bedeuten.

Zauberer.

Ich sehe schon prächtige Möbeln, Kleider, Bedienten, und endlich gar einen Junker in Euerm Gesichte.

Lene.

Lene.

Ich? einen Junker im Gesichte? — o lieber Herr, wo steht er denn?

Zauberer.

Hier unter Eurem linken Auge — ja, ganz deutlich!

Lene.

Unterm linken Auge? Schon so oft habe ich in mein Stückchen Spiegel geguckt und ihn doch niemals gesehen, — und was soll denn Zeckel haben?

Zauberer.

Eine Edelfrau!

Lene.

Pfui! Zeckel muß mich alleine haben.

Zauberer.

Seyd ruhig! — Genug! ehe der Tag anbricht, werdet Ihr die reichste Frau im Dorfe seyn, und in einer Kutsche fahren.

Lene.

In einer Kutsche? Gebt, Ihr vexiret mich!

Zauberer.

Ich schwör' Euch bey meiner Kunst: Ein, zwey, drey Kutschen werdet Ihr haben. Doch sehet Euch wohl vor! fasset ein Herz! lasset Euch Eure Verwandlung nicht merken, thut wie eine Edelfrau; sonst — wird das Aergste folgen.

Lene.

Nu, nu, wenns darauf ankömmt, so will ich gewiß wie eine vornehme Frau thun. — Aber, muß ich denn auch recht hochmüthig, recht boshaft seyn, und über alles die Nase rümpfen? Das thun ja wohl auch die vornehmen Damen?

Zauberer.

Nein, man kann gefällig, liebreich, freundlich gegen jedermann, und doch eine vornehme Frau seyn.

Lene.

Nun, das ist gut, denn das würde mir sehr sauer geworden seyn. ••• O Gemine, eine Kutsche! eine Kutsche!

Mein

Mein schwellend Herz hüpft mir vor Freude,
Schon seh ich mich im goldnen Kleide;
Und bin nicht Zeckels Lene mehr;
Wie schön, wenn ich, wie große Leute,
Mich Frau Genaden rufen hör':
Da soll man mich gepuzt wie Bräute,
Zu Bällen und Comödien
In einer Kutsche fahren sehn:
Wie herrlich wird das Lenen stehn!
O eine Kutsche! eine Kutsche!

Zwölfter Auftritt.
Die Vorigen, Jobsen.

Jobsen (macht große Augen.)

Was zum Henker macht der schwarze Kerl hier?

Lene.

O lieber Jobsen! es ist ein recht feiner Mann: er hat mir wahrgesagt: o was für artige Dinge hat er mir nicht gesagt!

Jobsen.

Jobsen.

Die wahrgesagt, und mir vielleicht ein schönes Paar Hörner auf den Kopf gepflanzet, heh?

Zauberer.

Dein Weib ist tugendhaft, und Du sollst durch sie glücklich werden.

Jobsen.

Wie? was? glücklich? durch einen so ruchpflichten schwarzen Teufel? Ich will nicht durch solche Schurken, wie Du bist, durch Mackemäthsier und Kalendermacher glücklich werden.

Lene.

Ach! lieber Mann, sey nicht so böse, wir sollen reich werden, und eine eigne Kutsche haben, eine Kutsche!

Jobsen.

Eine Kutsche! hahahaha; Narr! einen Schubkarren, eine Radeberge - - der Henker hol! ich glaube, der Balg ist besoffen. Fort zu Bette! (Er schlägt sie.)

Lene.

Lene.

Ach, der Himmel sey mir gnädig! ist das der Anfang von meinem großen Glücke?

Zauberer.

Halt, unverschämter Mann! was thust Du...

Jobsen.

Hinaus aus meinem Hause, Dieb! ober ich will Dich mit meinem Knieriem hinaus führen.

Zauberer.

Ich gehe, nichtswürdiger Kerl: aber...

Jobsen.

Schier Dich fort, da hast Du noch etwas auf den Weg. — (zu Lenen) Komm fort! zu Bette, Lene, daß Du die Kutsche ausschläfst, sonst will ich sie Dir austreiben.

Ende des ersten Aufzugs.

Zweyter Aufzug.

Erster Auftritt.

Der Schauplatz stellt die Nacht und das freye Feld vor des Schusters Hütte, vor.

Zauberer alleine.

Wohlan! ich muß mein Vorhaben ausführen: es soll hier eine Verwandlung vorgehen, die mich wegen der angethanen Beleidigung rächen, und wie ich hoffe, jedes bessern soll.

(Er macht mit dem Zauberstabe einen Zirkel.)

Auf nahtauch, ihr dienstbaren Geister, herzu!
Erschein' itzt, o Nabischog, Nabir, auch du!
Die Zeit ist dringend, auf! ohne Verweilen!
Ich will euch geheime Befehle ertheilen.

Die

Die Klarheit der Sonne verscheuchet euch
nicht;
Der Mond verbirget sein sterbendes Licht!
Die Erde, bedecket vom schwärzesten Flor,
Liegt tief im Schlaf, drum eilet hervor! —
(Die Geister erscheinen.)

Geister.

Sprich, Herr! was sollen wir vollziehn?

Zauberer.

Eh noch der Finsterniß Schatten entfliehn,
Sollt ihr zum Weibe des Schusters hier wan-
deln,
Und sie in Liebreichs Gemahlinn verwan-
deln:
Doch Liebreichs Gemahlinn verwandelt da-
für
In Lenen, das Weib des Schusters allhier:
Laßt sie die Erscheinung so mächtig bethö-
ren,
Damit sie nicht wissen, wohin sie gehören;
Dann führt sie in einer bezauberten Ruh,

Dem Junker die Lene, und Jobsen die Edelfrau zu!
Und dieser Betäubung den Nachdruck zu
geben,
So laßt sich Sturm, Donner und Blitzen
erheben.

(Es donnert und blitzt.)

Zweyter Auftritt.

Des Schuhflickers Haus.

(Die Geister bringen den schlafenden Jobsen ge-
tragen, setzen ihn vorn aufs Theater hin, und
legen ihn mit dem Kopfe auf seinen Sessel:
Nachdem sie fort sind, erwacht Jobsen, gähnt
und sieht sich voller Verwunderung über sein
Lager um.)

Jobsen.

Wie? wache ich, oder träume ich? Bin
ichs oder bin ichs nicht? —— Das ist doch
ein verwünschter Streich! — Hier liege ich,
wie ein Kalb — (er befühlt sich) angezogen?
der

der Henker hole, vom Kopfe bis auf die Füße angezogen! —— Hm! ich bin doch gestern nicht so besoffen gewesen, daß ich nicht von meinen fünf Sinnen gewußt hätte? — Vermuthlich bin ich gar mondensüchtig geworden, oder der Teufel, der itzt auf dem Edelhofe residiret, hat sich mit mir eine Carnevalslustbarkeit machen wollen. —— Es ist mir, als wenn ichs den Morgen jämmerlich hätte donnern und blitzen hören; bald sollte ich gar glauben, daß mich ein Erdbeben aus meiner Bucht geworfen . . aber da könnte ich doch nicht angezogen seyn? —— Doch bin ich nicht ein Narr, daß ich mir darüber den Kopf zerbreche? Desto besser, so brauche ich mich nicht erst anzuziehen —— (er thut, als ob er nach dem Himmel sähe) es muß wohl schon um fünfe seyn? — heh! Lene! heraus! zünde die Lampe an! —— sie schnar-

chet

chet noch, wie ein Kettenhund: ich muß sie nur noch ein Viertelstündchen schlafen lassen, sonst schläft sie mir beym Spinnrade ein.

(Er schlägt Feuer auf, und zündet die Lampe an.)

Edelfrau.

Nun! was ist das für ein Lärmen in meinem Zimmer?

Jobsen.

Der Alp träumt; · · warte, ich will dir ein Morgenlied singen, daß du munter wirst:

Unter allen Handwerken von Osten bis Westen
Ist immer des Schuhflickers eines der besten;
Denn welche Kunst bessert, was vorher versehrt,
Dieselbe wird billig vor andern geehrt.
O rühmlicher Schuster, der alle Schuhsolen
Von seinen werthen Nachbarn flickt!

Der

Der niemals zum Schuhen das Leder gestoh-
len,
Und alte Schuh neu wiederschickt.

Edelfrau.

Was für ein Schlingel untersteht sich,
mich durch sein Brüllen aus dem Schlafe zu
stören?

Jobsen.

Redet sie im Schlafe, oder dreht ihr das
Gläschen Punsch noch den Kopf herum?

Romanze.

v. 1.

Es war einmal ein junges Weib
Dem Buhlen sehr ergeben:
In manchem süßen Zeitvertreib
Verfloß ihr frohes Leben;
Doch bald war es um sie gethan:
Sie starb und reiste nach dem Himmel;
Da war es zu; mit viel Getümmel
Klopft sie hier ungeduldig an.

v. 2.

Da lief ihr Mann schnell an die Thür:
„Geh! wer klopft an der Thüre?"
Sie schrie, dein selig Weib ist hier,
Geschwind mach auf! ich friere.
Ey, sprach er, frier du immerhin,
Es ist kein Platz für deines gleichen; —
„Ich will nicht wanken und nicht weichen,
Rief sie, so wahr ich ehrlich bin!"

Edelfrau.

Das ist nicht auszustehn! kann ich denn keine Klingel finden? — Wo sind meine Kerle? Jakob, Friedrich, Christian!

Jobsen.

Meine Kerle? — ha ha ha ha.

Edelfrau.

Welcher Flegel hat sich unterstanden, sich in mein Zimmer zu schleichen? — Unfehlbar ists der Schlingel von Kutscher, der immer vom frühen Morgen an nicht nüchtern wird.

War-

Warte, warte, so bald ich aufstehe, sollst
du zum Henker gejagt werden!

Jobsen.

Hui, nun merk' ich den Braten! der Hexenmeister hat ihr von einer Kutsche vorgeschwatzt, und itzt träumt ihr vom Kutscher
und der Equipage. — Ich muß mir doch
die Lust machen, und sehen, wie lange das
währt?

v. J.

Ich will und muß trotz die hinein,
Und deinen Brüdern allen:
Nur ihr seyd Schuld an unsrer Pein,
Und daß wir sind gefallen.
Hat Adam nicht einst das Gebot
Zu Liebe seiner Frau gebrochen?
Als dieser hört, was sie gesprochen,
So läuft er fort und ist halb todt.

Edelfrau.

Wie! mein Gemahl! Herr von Liebreich!
Sie leiden, daß man mir so mitspielet? —
Heh!

Heh! wo sind Sie? — ganz gewiß schon wieder auf der verfluchten Jagd!

Jobsen.

Gemahl? Herr von Liebreich? — Was zum Henker! hat sie mich etwan gar zum Edelmanne gemacht? Mein Name ist Jobs Zeckel: — ein artiger Spaß! — Gemahl! Herr von Liebreich!

Edelfrau.

Ja, ja, er ist fort!

(Zeckel nimmt die Lampe, geht an ihr Bette, und zieht den Vorhang auf: sie erschrickt, da sie sich in Lenens Kleidung erblickt.)

Himmel! wo bin ich? — Pfui, welch' ein Geruch! ein grobes Bettuch! ein schmutziger Vorhang! eine rauche Bettdecke! wache ich oder ists ein Traum? Wer hat mich hieher gebracht? Wer ist der Schelm

Schelm da?.. ah! ich glaube gar, ich sehe
den Schlingel von Schuhflicker aus unserm
Dorfe?

Jobsen.

Es könnte seyn. —— Das ist aber doch
erstaunend! dergleichen Zeug habe ich in meinem Leben nicht von ihr gehöret... Heh!
wenn ich meinen Knieriem kriege, so sollst
Du Deinen Mann schon kennen lernen: ich
will Dich Mores lehren; verstehst Du mich?

Edelfrau.

O! die Unverschämtheit ist nicht auszuste-
hen.... Du? mein Mann? —— Hängen
will ich dich lassen, Spitzbube! Ich bin eine
Dame! —— Sage mir, wer hat mir den
Schlaftrunk eingegeben, und mich hieher gebracht?

Jobsen.

Einen Schlaftrunk? Einen Schlaftrunk?
Der Punsch wird noch bey Dir wirken. ——
So gehts, wenn man einen so frommen

Mann

Mann hat, wie ich bin. Hätte ich Dir nicht bey dem Punschglase durch die Finger gesehen . .

Laßt den Weibern nur den Willen,
Sehr, was kommt zuletzt heraus?
Legionen Teufel füllen
Ihren Kopf und euer Haus.
Weh' dem Mann, der widerspricht!
Was er will, das will sie nicht,
Doch sie will, will nur nicht er,
Sie zieht hin, und er zieht her.

Edelfrau.

O! was hat mein gottloser Mann mit mir vorgenommen? . . Hanne, Ficke, Christiane, wo steckt ihr?

Jobsen.

Ahahaha! itzt ruft sie gar ihre Mägde! der Hexenmeister hat sie rasend gemacht.

Edelfrau.

Er schwatzt vom Hexenmeister! gewiß ist da was vorgegangen! . . . Ah! was sind das

das für Kleider? Ein elendes wollenes Wams? Eine baumwollene Haube? Ein grober Friesrock? O! ich bin aus meinem Hause durch Zauberey weggebracht! Was soll ich anfangen? Was soll aus mir werden?

(Man bläst draußen die Hörner.)

Jobsen.

Horch, Lene! die Jäger lassen sich schon mit den Hörnern hören! Nu, du faules Rabenaas, an die Arbeit! an die Arbeit!—Komm, spinne, oder ich will Dich spinnen lehren! — Zum Henker! soll ich schon zwo Stunden des Morgens vor Dir an der Arbeit seyn?

Edelfrau.

Wie? unverschämter Kerl! kennst Du mich nicht?

Jobsen.

Ich, Dich kennen? o ja, mehr als zu gut, und Du sollst mich auch kennen lernen, eh eine Minute ins Land kömmt.

Edel-

Edelfrau.

Ich bin des Herrn Hanns von Liebreichs Gemahlinn, und Du, ein Schurke...

Jobsen.

Des Junker Hanns von Liebreichs Gemahlinn? —— Nein, nein, Lene! so gar schlimm bist Du doch noch nicht. Der verdammte karge, tolle Teufel martert jeden, wer ihr zu nahe kömmt, halb todt: o wenn sie meine Frau wäre, ich wollte sie zusammen karbatschen..

Edelfrau.

Nein, länger kann ichs nicht ausstehen — Du unverschämter Flegel, ich will Dich kriegen!

(Sie wirft die Betten, und alles was ihr in die Hände kömmt, nach ihm.)

Jobsen.

Ich bin ganz starr und steif vor Verwunderung! In meinem Leben habe ich noch nicht ein böses Wort von ihr gehöret; und auf

auf Einmal ∙ ∙ Komm, Knieriem! ich will die Wirkung deines mächtigen Kitzels versuchen. Warte, Nickel, ich will Dich nüchtern machen.

(Er prügelt sie.)

Edelfrau.

Mörder! Diebe! Mörder!

Jobsen.

Frau! höre mit den Narrenspossen auf, und geh' ans Spinnrad: sonst will ich Dich so abschmieren, als Du nicht bist gegeißelt worden, da Du einen Daum lang warst. ∙ ∙ Da! nimm's Rad in die Fäuste!

(Sie wirft es zu Boden; er schlägt sie.)

Edelfrau.

Halt, halt! Ich will gern alles thun! —

Jobsen.

Nu, ich bachte doch, daß ich Dich wieder zu Verstande bringen wollte.

Edelfrau.

Was soll ich thun?

Jobsen.

Spinnen.

Edelfrau.

Ich kann nicht spinnen.

Jobsen.

Nu, so muß ich den Præceptor wieder zu Hülfe nehmen. — (Er schlägt sie.)

Edelfrau.

Ach! ich will spinnen, ich will spinnen.

Jobsen.

Nu, Rabenaas, rühre Dich, so sollst Du sehen! — Ich will auch an meine Arbeit gehen: es ist schon über und über Tag.

(Er trägt seine Sachen zusammen und setzt sich an die Arbeit.)

v. 1.

— Laßt die Großen immerhin
Sich mit Staatsgeschäfften plagen;
Eines Schusters froher Sinn
Darf darüber niemals klagen.
Es kann ihn allein,
Durch Lärmen und Schreyn,
Sein Weib bisweilen vexiren;
Doch alsdann muß er sie schmieren.

v. 2.

v. 2.
Er braucht nicht des Glückes Maske,
Dieser falschen Hexe, Gnaden;
Da sie ihn so klein gemacht,
Was kann sie ihm weiter schaden?
Ihn störet niemal
Der Gläubiger Zahl:
Denn sucht er gleich wo zu borgen,
So traut ihm niemand bis morgen.

Dritter Auftritt.

Jobsen, Edelfrau, Lieschen.

(Es klopfet jemand.)

Jobsen.

Heh Lene! mach' auf!

Edelfrau (geht und macht auf)

(Bey Seite.) Himmel! was seh ich? —
Meine Stubenmagd? — Ah! vielleicht
komme ich nun hinter die ganze Geschichte.

Jobsen.

Je, was will sie denn schon so früh, Jungfer Lieschen?

Lieschen.

Ich wollte sehen, ob meine Pantoffeln fertig wären? Denn steht unsere Frau auf, so ist der Teufel los. Da wollte ichs nicht wagen, einen Schritt über die Schwelle zu thun.

Jobsen.

Meine Frau hat sie schon gestern hinbringen sollen; aber da hat das Rabenaas den Zauberdoktor bey sich gehabt, der hat ihr das ganze Gehirn verrückt. Gewiß genug hat sie's auch drüber vergessen.

Edelfrau.

Ah! nun kenne ich den Stifter meines Unglücks!

Lieschen.

Ihr könnt sie selber fragen, ob sie mir was gebracht hat. Ich habe sie gestern nicht weiter

ter aesehen, als da uns unsere verzweifelte Frau in der besten Lust störte.

Jobsen.

Apropos! hat sich das Wetter noch nicht gelegt?

Lieschen.

Was gelegt? sie hat noch den ganzen Abend wie eine Furie getobt.

Edelfrau. (bey Seite.)

O ich kann es nicht mehr aushalten!

Lieschen.

Wo sie ist, ist der Teufel los.
Toben und Lärmen
Kratzen und schwärmen
Das kann sie bloß,
Wo sie ist, ist der Teufel los.

Jobsen.

Mein, was sagt aber der Junker dazu?

Lieschen.

Was will er sagen?
Er darf nicht klagen;
Sonst kriegt er selber einen Stoß,
Und dann ist ganz der Teufel los.

Edelfrau.

Das ist nicht auszustehn! — (zu Lieschen) Kennst Du mich, Nickel? —

Lieschen.

Was fällt Eurer Frau ein, Meister Jobsen?

Edelfrau.

Wie? ich seine Frau? Du thust, als ob Du mich nicht kenntest, Vettel? — warte, ich will Dirs lernen!

(Sie schlägt auf sie los.)

Lieschen.

Zu Hülfe! zu Hülfe! Meister Jobsen!

Jobsen.

Bist Du rasend? — ha, ich muß Dir helfen!
(Er schlägt auf sie zu, indem sie Lieschen schlägt.)

Lieschen.

Au weh! sie bringt mich um!

Edel-

Edelfrau.

O weh! Du bringst mich um!

Jobsen.

Das will ich. Geschwind nieder auf die Knie!

Edelfrau.

Ich? auf die Knie?

Jobsen.

Ja, nieder auf die Knie! bitte ab, oder - -

Lieschen. (zur Edelfrau.)

Was habe ich Euch aber gethan?

Jobsen.

Nieder, nieder
Auf die Knie!
Oder sieh!
Ich fange wieder
Dich zu hämmern an,
Bis ich nicht mehr kann —
Nieder, nieder
Auf die Knie!

Edelfrau.

Himmel! welche Demüthigung!

Jobsen.

Jobsen.

Himmel! welche Halsstarrigkeit! — Ich frage, willst Du, oder willst Du nicht?

› Nieder, nieder ‹
Auf die Knie!

Edelfrau.

Nimmermehr!

Lieschen.

› Meister Jobsen, ich glaube, sie ist verrückt: laßt sie nur gehn.

Jobsen.

Nein, meine Autorität würde drunter leiden.

Edelfrau.

Was soll ich anfangen? —— O! ich bin außer mir!

Jobsen (stößt sie nieder.)

Mit eigner Hand bring' ich Dich um! ‧ ‧ Nun! bete mir nach: Jungfer Lieschen ——

Edelfrau.

Jungfer ‧ ‧ ‧ ‧ o! was muß ich ausstehen!

Jobsen.

Jobsen.

O was muß ich erleben! · · Fort! „Jungfer Lieschen„ · ·

Edelfrau.

Eine Frau von meinem Stande so zu traktiren?

Jobsen.

Sprich nach: „Eine Jungfer von solchem Stande so zu traktiren?„

Lieschen.

O laßt sie gehn, Meister Jobsen, ich vergebe es ihr.

Jobsen.

Nein, zum Henker! sie muß behext seyn! Hätte ich einen Rausch, so dächte ich, es träumte mir; aber noch ist kein Tropfen Branntewein über meine Zunge gekommen.

Lieschen.

Lebt wohl, Meister Jobsen!

Jobsen.

Jobsen.

Sie hätte billig erst die Execution abwarten sollen! —

(Indem er Lieschen bis an die Thüre begleitet, will sie davon laufen.)

Ha! wo willst du hin? warte, ich will dich gleich an die Arbeit, du häßliches Thier!

Edelfrau.

(Bey Seite.) O! ich weis nicht mehr, was ich anfangen soll! Mein Herz berstet vor Wuth...

Vierter Auftritt.

Jobsen, Edelfrau.

Jobsen:

Nu, Rabenaas! wirst du dich bald geben? — Siehst du? ich habe noch Fäuste, und so lange die noch ganz sind, soll es deine ne Haut gewiß nicht bleiben, wenn du mir solche Sprünge machst! ... Da blase die Lampe aus! Es ist heller, lichter Tag!

(Sie bläst das Licht aus; er setzet sich auf seinen Schemel, und fängt an zu arbeiten; und sie geht an ihr Spinnrad.)

Um Kirchthurm schwatzen schon die Dohlen
Krakrakrakra,
Hahahaha!
Es kräht der Hahn Kikrikikri.
Hihihihi!
Der Guckguck ruft Cucu, Cucu,
Ich aber flicke Schuh:
Was fehlt mir noch dazu?
Glugluglugluglu.

Noch heute keinen Tropfen getrunken! Das muß der Pfarrer in die Dorfchronike bringen. — — Heh Lene! lange mir

mir das Fläschchen dort hinterm Bette her!

(Die Edelfrau bringt ihm ein Branteweinfläschchen; er läßt etwas fallen und bückt sich; indem er es aufheben will, gießt sie ihm das Wasser, das er neben sich in dem Schusterfäßchen stehen hat, über den Kopf, stürzt den Schemel um, und läuft davon.)

Jobsen alleine.

Nun das übersteigt alle meine fünf Sinne. Aus dem kamme so eine Wölfinn zu werden? Pulver, Bley und Hagel! wo ich dich kriege! ..

Daß eine Frau sich mit dem Manne zankt,
Und was er thut, ihm mit dem Henker dankt,
Das seh' ich ein:
Doch daß, wenn er sich ruhig hält,
Sie auf ihn her mit Schlägen fällt,
Das muß der Teufel seyn.

Unfehlbar ist sie auf den Edelhof gelaufen, um ihre Residenz einzunehmen: — Nu, ich will sie mit Gesänge wiederholen.

(Geht ab)

Fünfter Auftritt.

(Junker Liebreichs Haus. Der Edelfrau Zimmer. Lene liegt auf einem seidnen Bette.)

Lene allein.

O! daß ich doch schon erwacht bin! Was für süße Träume habe ich diese Nacht gehabt! — Ich dachte, ich wäre im Paradiese, im Paradiese mit Leib' und Seele! — Auf einem Bette voller Veilchen und Rosen, und der angenehmste Mann an meiner Seite! – – (sie sieht sich um.) Ah! der Himmel sey mir gnädig! wo bin ich? — wie angenehm ist alles um mich her! kein Garten im Frühlinge kann so reizend seyn. — Ist das ein Bette?

Bette? —— Nun das Betttuch muß wenigstens von Taffent seyn, so sanft ist es. . . Was für einen schönen seidnen Rock habe ich an? — O Himmel! ist es ja ein Traum, so wollte ich wünschen, niemals wieder zu erwachen! — Gewiß und wahrhaftig! ich bin die letzte Nacht gestorben und in Himmel gekommen, und das ist der! —Ich kann meine Finger bewegen? — das ist doch wunderbar; ich sollte denken, ich wachte. . . . Ey! was für schöne Manschetten! . . der schöne Spiegel! . . die schönen Stühle! . . die schönen Wände! . .

Das ist der Himmel sicherlich!
Wo kriegt' ich sonst so schöne Sachen?
O laß doch, guter Himmel, mich
Nicht wiederum erwachen!
Die schönen Bilder an der Wand,
Die schönen Bänder um die Hand, . .
Ich glaube gar, es heißt Geschmeide!
Das Bett und dieser Rock von Seide!
Und dieß ist alles, alles mein?
Gewiß, das muß der Himmel seyn!

Ah!

Ah! was grabbelt mir denn hinter den Ohren? — (sie hascht darnach) verzweifelt, Ohrengehänge! gewiß und wahrhaftig, Ohrengehänge! — Ich muß nur in Spiegel gucken! — (sie geht an Spiegel, und erschrickt) Der Himmel sey uns gnädig! Was sehe ich? — wahrhaftig, das bin ich nicht mehr! .. aber nein, ich bins, ich bins! ich fühle mich doch .. Wer kömmt? — Ah! wo verstecke ich mich? — Ich will mich geschwind wieder aufs Bette werfen, und thun, als ob ich schliefe?

Sechster Auftritt.
Lene auf dem Bette, Hannchen.

Hannchen. (bey Seite)

Nun muß ich wieder mein Brummeisen wecken. — Vor Mitternacht wird sie wenigstens nicht aufhören. — Der erste Gruß wird

wird wohl Nickel oder Rabenaas seyn. — Gnädige Frau! Gnädige Frau!

Lene.

O Gemine! wer ist da? — Was willst Du, mein liebes Kind?

Hannchen.

(Bey Seite) Mein liebes Kind! mein liebes Kind! — der beste Name, den ich diese drey Monate über von ihr gehöret habe, ist Muz oder Hure gewesen. — (zu Lenen) Was für ein Kleid, und welche Manschetten soll ich für Ihre Gnaden zurechte legen?

Lene.

(Bey Seite) Was meynt sie damit? — Ihre Gnaden? Kleid und Manschetten? gewiß, ich wache doch? — Ah der kluge Mann fällt mir ein, der hat mir ja alles voraus gesagt.

Hannchen.

Sagten Ihre Gnaden etwas?

Lene.

Lene.

Ja, Kind! das Kleid will ich anziehen, das — das — das ich anhabe.

Hannchen.

Da ist Wunder vorgegangen! —— Sie haben sich selbst angezogen, gnädige Frau?

Lene (verwirrt)

Ich? ich? — ja, ja doch: — Ich wollte — heute früh —— ein bischen spazieren gehen, und niemanden —— gerne wecken.

Hannchen.

Das ist unbegreiflich! —— Wollen Sie nicht wenigstens eine andere Haube aufsetzen?

Lene.

Ach! ach! —— Sie giebt sich gar zu viel Mühe.

Hannchen.

(Bey Seite) Ich glaube gar, sie träumt. Zu viel Mühe!

Lene.

Lene.

(Bey Seite) Wenn sie mich nur nicht erkennt, wenn ich aufstehe: ich muß es aber doch wagen.

Hannchen.

Reichen Sie mir die Hand, gnädige Frau, ich will Ihnen helfen.

Lene.

Nein, nein, mein liebes Kind! Ich will mir schon selber helfen.

Hannchen.

(Bey Seite) Liebes Kind! selber helfen! — ich kann gar nicht zu mir selbst kommen.

Siebenter Auftritt.
Lieschen, die Vorigen.

Lieschen (ruft an der Thüre.)

(Lene besieht sich indessen und befühlt alles.)

(Von der Seite) St! St! Hannchen! Ist die gnädige Frau aufgestanden?

Hannchen.

Ja wohl; ich bin ganz außer mir vor Freuden!

Lieschen.

Gewiß, weil der Schuh oder Pantoffel glücklich beym Kopfe vorbey geflogen?

Hannchen.

O! sie ist so freundlich, so gut ‥ Geh nur hin und sprich mit ihr.

Lieschen.

Du willst gewiß die Freude haben, daß mir ein Zahn eingeschlagen wird. Was hilfts? ich muß doch näher! — Gnädige Frau!

Lene.

Lene.

Was sagst Du, mein Herz? ‥ (sie wird das andere Mädchen gewahr: (bey Seite) O Himmel! noch eine! Was will diese wieder haben?

Lieschen.

Was befehlen Ihre Gnaden, das heute soll gemacht werden?

Lene.

Gemacht?

Lieschen.

Soll ich den Bänderlatz vollends fertig machen, oder am Rocke sticken?

Lene.

Ja, den Bänderlatz vollends fertig machen, oder am Rocke sticken ‥ doch nein, heute brauchst Du gar nichts zu machen.

Lieschen.

(Bey Seite) O Wunder über alle Wunder! wach' ich oder ‥ oder träumen wir alle le zugleich? Welch eine unglaubliche Veränderung!

Hannchen (bey Seite.)

Wenn das so fortgeht, so weiß ich nicht, was ich denken soll.

Lieschen.

Was befehlen Ihro Gnaden für eine Haube aufzusetzen? die à la Rhinoceros, oder die en Capriolet? ••• die Chocolate ist auch fertig.

Lene (bey Seite.)

O Gemine, was ist das? —— Die Ciocolate, die Chocolate will ich aufsetzen!

Lieschen (bey Seite.)

Die Ciocolate aufsetzen? sie hat sich gewiß versprochen. —— (zu Lenen.) Ich habe sie gleich vom Feuer genommen, gnädige Frau! der Bediente kann sie bringen, wenn Sie befehlen?

Lene.

Lene.

Ja, ja, wie Du willst, mein Kind!... doch nein, itzt mag ich nicht trinken.

Lieschen.

Nun, so will ich sie aufheben.

Lene.

Das kannst Du thun, liebes Kind! aber eine von euch soll hier bleiben, daß ich nicht so alleine bin.

(Sie gehet, der Koch begegnet ihr unterwegens.)

Achter Auftritt.
Der Koch, die Vorigen.

Koch.

Ich gehe itzt, wie ein Dieb zum Galgen, da ich die Befehle zur Mittagsmahlzeit abholen soll.

Lies-

Lieschen.

O mein lieber Koch, Er wird sich zu Schanden wundern; das ist eine Veränderung! (Sie geht ab.)

Koch.

Gewiß vom Schimpfen zun Ohrfeigen! Mit Zittern und Zagen wag' ich's, ihr zu nahe zu kommen.

Lene (bey Seite.)

Ey! das ist ja wohl gar der Koch? sieht er doch recht vornehm aus! — (zum Koch) Guten Morgen, lieber Koch!

Koch.

Guten Morgen, lieber Koch! — Was mag das bedeuten?

Lene.

In der That, mein ehrlicher, guter Mann, ich bin sehr hungrig! — O seyd doch so gut, und

und gebt mir ein Stückchen Ziegenkäse und ein Bißchen Brod dazu!

Koch (bey Seite.)

Hm! ehrlicher guter Mann? Ich dachte, ich sähe wenigstens wie ein Flegel oder Schurke aus. — (zu Lenen) Ihre Gnaden belieben wohl gar mit mir zu spaßen? das würde ein schlechtes Frühstück für Ihren gnädigen Magen seyn. Ich kann aber den Augenblick ein gut Fricaßee von jungen Hühnern oder ein Stückchen Kälberbrust anrichten, wenn Sie befehlen.

Lene.

Auch das, lieber Koch! Ich esse, was Ihr mir gebt.

Koch (bey Seite.)

Lieber Koch! lieber Koch! ich werde noch vor Verwunderung zum Narren. — (zu Lenen) Es ist auch noch von gestern ein Stück gebratener Kapaun übrig.

Lene.

Lene.

Nein, nein, Karthaunen esse ich nicht!

Koch.

Ich wollte es sonst auf den Rost legen.

Lene.

Je nun, macht was ihr wollt, ich will sehen, . . aber, lieber Koch, Ihr machet Euch gar zu viel Mühe!

Koch.

Hehehehe, das hat mir noch keine Herrschaft in meinem Leben gesagt! — Eine allerliebste gnädige Frau! zu viel Mühe, zu viel Mühe! Sie belieben zu spaßen!

Neunter Auftritt.
Die Vorigen, Kellner.

Koch (zum Kellner.)

Gieb mir einen Schmatz, Kerl! Es gehen Wunder vor: Du wirst unsre Frau nicht mehr kennen! Sie ist die leibhafte Sonne nach einem derben Platzregen.

Kellner.

Kellner.

Nun, Lieschen hat mir schon seltsames Zeug vorgeschwatzt; ich muß doch sehen, was für Wunder vorgehen.

Hannchen.

Hier ist der Kellner, gnädige Frau, und erwartet Ihre Befehle.

Lene.

Der Kellner? Ach Herr Kellner, könnte ich nicht was zu trinken kriegen, wenn mein Morgenbrod kömmt?

Kellner (bey Seite.)

Hm! seit einer Nacht zum Herrn geworden? ich bin ganz versteinert! —— Wollen Ihre Gnaden etwan ein Gläschen Frontiniack oder Chineser Sekt haben?

Lene (bey Seite.)

O Gemine! was für wunderliche Namen! —— doch ich darf mich nicht verrathen. —— Gut, gut, was euch beliebt, Herr Kellner!

Kellner geht ab und wiederholt im Gehen immer die Worte:)

Herr Kellner! Herr Kellner! ——

Zehnter Auftritt.
Der Kutscher, die Vorigen.

Kutscher (im Hereintreten.)

Ich glaube, sie sind alle närrisch geworden: der Koch ist aus einem Hundsfott ein lieber Koch, und der Kellner aus einem Schlingel zu einem Herrn geworden, — zu was wird sie den Saufaus, den Kutscher, nicht machen?

Hannchen.

Der Kutscher, Ihro Gnaden!

Lene (bey Seite.)

Ach! auch ein Kutscher! —— Was wollt Ihr, guter Mann?

Kutscher.

Hahahaha! Ich möchte gern wissen, ob Ihre Gnaden heute ausfahren wollten, oder
worin-

worinnen Sie fahren wollten, daß ich die Wagen ein bißchen purgiren kann. In der großen Glaskutsche, in der Chaise oder im Phaeton?

Lene.

Ey! das ist hübsch! — In allen mit einander! ‒ ‒ ‒ doch nein, in der großen Glaskutsche, wenn's Euch gefällt?

Kutscher (bey Seite.)

Wenn's euch gefällt? — Unfehlbar muß der Himmel bald einfallen; es ist nicht anders!

Lene.

Hört, lieber Kutscher, kann ich nicht die Glaskutsche sehen?

Kutscher.

O ja, ich muß sie so herausschieben. Ihre Gnaden dürfen nur hier ins Cabinet kommen, da gehn die Fenster gerade auf den Hof. Kehren Sie sich nicht dran, wenn
sie

sie ein bischen voll Staub ist; ich will sie schon abrumpeln. —— Heh! Hanne, komm' sie und gebe sie mir die Schuppenschlüssel: sie hängen im Küchenschranke.

Lene.

Ja, ja, Du kannst mitgehen, daß ich die Kutsche bald sehe. —— O Gemine, die Kutsche! ——

(Kutscher und Hannchen gehn ab.)

Eilfter Auftritt.
Lene (alleine.)

Kaum glaube ich noch, daß ich wache? —— Was für eine Menge Leute! —— Und alle thun, als wenn sie vor Freuden außer sich wären, mir aufzuwarten? Wie wenig kennen die Vornehmen ihr Glück! —— O über den klugen Mann! alles, alles geht, wie er mirs vorher gesagt hat. Mein Kopf ist mir ganz schwindlich.

O seht doch Jobsen Zeckels Weib!
Kennt ihr sie? sagt mirs wieder.
Sonst deckte diesen zarten Leib
Ein altes zeugnes Mieder:
Da mußten stets die Finger gehn,
Und am verwünschten Rade drehn:
Doch izt ists umgekehrt.
Da steht sie wie ein Döckchen,
In einem seidnen Röckchen,
Ist vornehm und geehrt:
Mit demuthsvollen Mienen
Sucht jedes ihr zu dienen.

Aber bald hätte ich vergessen, die Kutsche zu sehen, ey die Kutsche! —

(Geht ab.)

Zwölfter Auftritt.
Herr von Liebreich, Kellner, Koch, Hannchen, Lieschen.

Kellner.
Ja, gnädiger Herr! die seltsamsten Neuigkeiten! — Wir sind vor Verwunderung außer uns.

Hannchen.
So gnädig, so liebreich! — das müssen sich Ihre Gnaden gar nicht vorstellen können.

Lieschen.
Wir sind alle zu guten lieben Kindern geworden: — O! die unvergleichliche Herrschaft!

Koch.
Ja, es giebt nicht einen einzigen Schurken oder Schlingel mehr unter uns.

Herr von Liebreich.

Ich glaube, Ihr seyd alle zusammen verwirrt! was giebts denn? was ist denn für eine Veränderung vorgegangen?

Kellner.

O Ihre Gnaden! das ganze Haus hat sich umgekehrt. Wir sind so erfreut, so erfreut . . . die glücklichsten Leute von der Welt!

Hannchen.

Ach! gnädiger Herr, die allerliebste gnädige Frau!

Herr von Liebreich.

Wie? ist sie etwan todt?

Kellner.

Das wolle der Himmel nicht! sie ist die beste Frau von der Welt . .

Koch.

So gnädig, so sanftmüthig . .

Lies-

Lieschen.

Lauter Güte und Liebe ··

Herr von Liebreich.

Das ist wunderbar! Ich muß doch hinter die Wahrheit kommen!

Kellner.

Ja, nicht anders! gehn Sie nur zu ihr. ·· Heysa! Es lebe unser gnädiger Junker und seine Gemahlinn, hoch!

Herr von Liebreich.

Wo ist sie denn?

Hannchen.

Sie muß nur den Augenblick hinausgegangen seyn; denn sie war vor einer kleinen Weile noch hier.

Herr von Liebreich.

Ich muß sie aufsuchen. —— Vielleicht ist sie auf dem Saale.

(Sie geht ab.)

Dreyzehnter Auftritt.

Lene (alleine, kömmt aus dem Kabinette zurück.)

O Gemine! was das für eine schöne Kutsche ist! —— Aber der kluge Mann sagte, ich sollte mich ja nicht verrathen, sonst würde das Aergste folgen. —— Ich weiß, daß ich schon mehr als einmal blutroth geworden bin. Ich kann mich noch nicht recht in alle die Umstände schicken: —— o! was die Vornehmen für närrisch Zeug machen! Ich muß mit mir machen lassen, was sie mit mir machen wollen. ⋅ ⋅ Ah! Ich muß doch noch einmal in Spiegel sehen! — hihihihi! Was das für ein artiges feines Ding ist!—— Nein, ich sehe mir doch nicht ein bischen mehr ähnlich —— Das Stückchen Spiegel, das an meinem Brodtschranke hängt, stellt mich ganz anders vor. Aber vielleicht betrügt

trügt mich auch dieser Spiegel. Die vornehmen Damen, wie ich gehört habe, sollen sehr schmeichelnde Spiegel haben; in unsern sehen wir immer nicht besser, als wir sind.

v. 1.

Mädchen in der großen Welt,
(Glichen sie auch selbst den Affen,)
Können sich durch Kunst und Geld,
Sagt man mir, Gesichter schaffen.
Liljenweiß und Rosenroth
Sieht man oft auf ihnen prangen.
Trauet nicht
Dem Gesicht,
Drunter sitzt auf bleichen Wangen
Oft die Seuche mit dem Tod.

v. 2.

Die Gestalt, die die Natur
Häßlich oder schön gegeben,
Bleibt uns Mädchen auf der Jur
Immer gleich, so lang wir leben.

Unsre Schmink' ist unser Bach,
Bluhmen, von uns selbst gepflücket. —
Das Gesicht
Lüget nicht:
Doch erborgter Reiz entzücket
Selten lange, immer schwach! ⸺

Ach! der Himmel sey mir gnädig! wer kömmt? —

Vierzehnter Auftritt.

Lene, Hr. von Liebreich, Lieschen.

Lieschen.

Hier ist sie! ⸺ Madam, der gnädige Herr, Ihr Gemal.

(Geht ab.)

Lene (bey Seite.)

O Gemine! dieser hübsche Herr ist mein Mann?

Herr von Liebreich.

Mein liebster Schatz, ich bin vor Freuden außer mir! — Ich finde das ganze Haus

Haus über Ihre Veränderung voll Entzücken.

Lene (ein wenig betreten)

Ich, mein Herr? ich sollte im Stande seyn, Ihr ganzes Haus in Entzücken zu setzen? das wäre mir zwar sehr lieb: denn ich sehe es lieber, wenn sich die Leute über mich freuen, als wenn sie über mich weinen. Aber ∙ ∙

Herr von Liebreich.

Unvergleichlich! Allerdings ist dieß eine Glückseligkeit, die man sich durch keine Schätze erkaufen kann. Wie glücklich werde ich seyn, mein bestes Kind, wenn Sie bey diesen Gesinnungen beharren!

Lene.

Und warum sollte ich nicht? es bemüht sich ja jedes, mir hier zu gefallen?

Herr von Liebreich.

Nein, sagen Sie mir, englisches Kind: ist es Ihr Ernst? darf ich trauen? oder ..

Lene.

Ich schwöre Ihnen, hier auf den Knien schwöre ich, daß, was ich sage, mein ganzes Herz redet.

(Sie will nieder knieen.)

Herr von Liebreich.

Halt! was machen Sie? ich verlange keine solche Demüthigung von Ihnen. Ich glaube alles, und bin so glücklich, daß ich mein Glück mit nichts zu vergleichen finde! — O meine beste, meine schönste, meine liebste! ..

Lene.

Reizender, englischer, angenehmer Mann .. (bey Seite) Riecht er doch über und über, wie ein Bluhmenstrauß! — Der Himmel bewahre mir meinen Verstand!

Duett.

Duett.

H. v. L. Was gleichet, schönster Engel, dir!

Lene. (B.S.) O welche Freuden find ich hier?

(1. H. v. L.) Sie schenkten Ihre Liebe mir,
  Wie hab' ich sie gegeben? —

(B. S.) Welch's Glück! für einen Mann, wie
  dieser ist, zu leben.

H. v. L. Komm, laß mich deinen Kuß erfreun.

Lene. Dieß möchte zu viel Ehre seyn.

  (Er küßt sie.)

H. v. L. Was gleicht dem angenehmen Kinde

Lene. Und was der Lust, die ich empfinde!
  Noch nie hab' ich, wie itzt, geschmeckt,
  Welch's Glück in einem Kusse steckt!

H. v. L. Und keinen, ja keinen der vorigen
  Küsse
  Fand ich so lieblich, so reizend, so
  süße! —
  O laß dich in die Arme schließen!

Lene. So wag' ich's, Sie aufs neu zu küssen.—
  Ach wie bezaubernd ist mein Glück!

H. v. L.

H. v. L. Hier hast du deinen Kuß zurück!

Lene. Kann ich ihn doch auch wiedergeben? ---
Welch himmlisches, welch glücklich
Leben!

Herr von Liebreich.

Kommen Sie, mein liebstes Kind! Ich muß Ihnen ein kleines Geschenke machen.

Lene.

O ein Geschenke! ein Geschenke! der allerliebste Mann! ——

(Sie folgt ihm.)

Ende des zweyten Aufzugs.

Dritter Aufzug.

Erster Auftritt.

Kellner, Edelfrau.

Kellner.

Wie? was? wer seyd Ihr? was untersteht Ihr Euch?

Edelfrau.

Unverschämter Galgenvogel! Du willst mich nicht in mein eigen Haus lassen? kennst Du Deine Frau nicht mehr?

Kellner.

Fort! oder ich werfe Dich zur Thüre hinaus! — Dein eigen Haus? hahaha!

Edelfrau.

Du schändlicher Kerl! da hast Du was.

(Sie giebt ihm eine Ohrfeige.)

Kell-

Kellner.

Warte! warte! es ist ein guter Wassertrog unten, da soll sich Dein Müthchen abkühlen (er will sie forttragen.)

Edelfrau.

Mord! Mord! zu Hülfe!

Zwenter Auftritt.
Herr von Liebreich, Lene, die Vorigen.

Herr von Liebreich.

Was giebts hier für ein Lärmen?

Kellner.

Je, gnädiger Herr, da ist ein rasendes Weib. Sie spricht, sie wäre die gnädige Frau, das Schloß da wäre ihre, wir alle wären ihre, und stößt und schlägt, wie ein unbändiges Pferd, um sich.

Lene. (die sie jählings erblickt)

Der Himmel sey mir gnädig! was ist das?

(Sie kriecht auf die Seite.)

Herr von Liebreich.

Das arme Geschöpf! sie muß verrückt seyn? — Gutes Weib, Ihr werdet Euch wohl irren; ich erinnere mich nicht, Euch jemals gesehen zu haben.

Edelfrau.

Also willst Du mich auch nicht kennen, Du Urheber alles meines Elends? bin ich nicht Deine Frau? — rede!

Herr von Liebreich.

Nein, sage ich Euch: beruhiget Euch! — Wo seyd Ihr denn her? ich will gern für Euch sorgen.

Edelfrau.

Ah der Bösewicht! — Hier vom Schlosse bin ich! ich bin — ach! durch Zauberey bin ich weggebracht worden!

Herr von Liebreich.

Durch Zauberey? — Kellner, schickt geschwinde nach einem Balbier! da ist kein besser Mittel, als daß man ihr eine Ader schlägt.

(Kellner geht ab.)

Edelfrau,

Wie? nach dem Balbier? Ich kratze Dir und ihm die Augen aus.

Herr von Liebreich.

So muß ich Gewalt brauchen.

Lene.

(Bey Seite, indem sie sich immer zu verbergen sucht.)

Ich weis vor Angst nicht, wo ich hin soll! Sie sieht, wie ich, aus, und doch bin

bin ich auch ſelbſt hier! — O wäre ich doch wieder bey meinem Zeckel!

Edelfrau (wird ſie gewahr.)

Himmel! Was ſehe ich? mich in leibhafter Geſtalt, wie ich geſtern war? — Ich bin des Todes!

Herr von Liebreich.

Das arme unglückliche Weib! — Ich ſage Euch, ich will für Euch ſorgen: ſagt nur, was Ihr verlangt?

Edelfrau.

Weg! Laßt mich in Spiegel ſehen. — (Sie geht an Spiegel) O es iſt um mich geſchehn! Ich kenne mich ſelbſt nicht mehr! Was iſt aus mir geworden? — Ich muß verzweifeln.

Herr von Liebreich.

Ich will nur jemanden rufen: .. (zu Lenen)

fürch-

fürchten Sie sich nicht, mein Kind! ich bin gleich wieder hier.

(Indem er hinausgehen will, tritt Jobsen herein.)

Dritter Auftritt.

Jobsen, die Vorigen.

Edelfrau.

O wehe mir! hier ist der Teufel, der mich so gemartert hat.

Jobsen.

Ja, und hier ist auch mein Knieriem.

Lene.

Ach! mein Liebster!·· Jobsen! — er wird mich gewiß schlagen.

Herr von Liebreich.

Das soll er sich unterstehen! — (zu Jobsen) Ist es also Eure Frau?

Jobsen.

Jobsen.

Ja, leider! bin ich mit dem Thierchen geplagt. Ihre Gnaden müssen ihr verzeihen. Sie hat gestern Abends mit einem Hexenmeister getrunken; der hat ihr unfehlbar so was ins Saufen geschüttet; denn von Stund' an ist sie närrisch geworden, und behauptet, dem Teufel zum Trotze, sie sey die gnädige Frau Junkern; aber ich will sie bejunkern, daß sie an mich denken soll.

Herr von Liebreich.

Das arme Weib! Schlagt sie nicht! sie wird schon wieder zu sich selbst kommen, oder wenigstens von ihrer Einbildung können geheilet werden.

Jobsen.

O ja! und wenn's Ihre Gnaden gefällt, so will ich gleich die Cur in Ihrer Gegenwart vornehmen. — — Heh! siehst Du das?

(Er schwenkt den Knieriem.)

Lene.

Lieber Zeckel! schlage mich nicht!

Herr von Liebreich.

Was sagen Sie? — Himmel! sie wird doch nicht von ihrer Raserey angestecket werden! — Schafft Eure Frau fort, mein Freund!

Edelfrau.

O wie wird mirs ergehen! Ich habe mein Unglück verdient.

Jobsen.

Nun so darfst Du nicht murren, wenn Dir der Knieriem auf dem Buckel herum tanzt.

Lene.

Ach! es wird mir ganz finster vor den Augen!

Herr

Herr von Liebreich.

Kommen Sie, legen Sie sich aufs Bette! — (Er führt sie an die Thüre) Ist niemand da? — (Es kömmt eine von den Mädchen) Gebt ihr ein Glas frisches Wasser: ich will gleich bey ihr seyn. — (Zu Jobsen) Führt Eure Frau nach Hause, und begegnet ihr vernünftig!

Jobsen.

Ja, nachdem sie vernünftig seyn wird. Ihre Gnaden nehmen's nur nicht übel! Sie soll aber nicht einen Fuß wieder über Ihre Schwelle setzen.

Edelfrau.

O was wird aus mir werden!

(Jobsen und Edelfrau gehen ab.)

Vierter Auftritt.

Ein Bedienter, Hr. von Liebreich.

Bedienter.

Gnädiger Herr; der Doktor, der gestern hier war, bittet um die Erlaubniß, nur ein Paar Worte mit Ihnen in einer sehr wichtigen Angelegenheit zu sprechen.

Herr von Liebreich.

Laßt ihn herein kommen. — Was mag er bey mir wollen?

Fünfter Auftritt.

Zauberer, Herr von Liebreich.

Zauberer.

Hier auf meinen Knien bitte ich Ihre Gnaden wegen eines gewissen Unternehmens um Vergebung, das ich aus Rache gethan, aber das vielleicht zu Ihrem Glücke ausschlagen wird.

Herr

Herr von Liebreich.

Und was ist das?

Zauberer.

Ich habe mich an Ihrer Gemahlinn durch meine Kunst für die gestrige harte Begegnung gerächet. Ich habe sie auf einige Stunden in des Schuster Jobsen Zeckels Weib verwandelt, und dessen Frau in die Ihrige.

Herr von Liebreich.

Was höre ich!

Zauberer.

Ich hätte solches verhehlen können: aber ‥

Herr von Liebreich.

O warum haben Sie's nicht gethan? — Also habe ich eine Glückseligkeit nur auf einige Augenblicke genossen, um mein Unglück ein ganzes Leben hindurch desto stärker zu fühlen?

Zauberer.

Beruhigen Sie sich, gnädiger Herr! die Wirkung davon wird unfehlbar zu Ihrem Vortheile ausschlagen.

Herr von Liebreich.

Ach! wie kann ich das vermuthen?

Zauberer.

Der Schuster hat sie diese kurze Zeit über so gedemüthiget, daß ich gewiß hoffe, sie wird es nimmermehr wieder wagen, widerspänstig, zänkisch, geizig und ungehorsam zu seyn.

Herr von Liebreich.

Unmöglich!

Zauberer.

Zweifeln Sie nicht! Sie hat seit einigen Augenblicken die lebhaftesten Merkmale Ihrer Reue gegeben. — Inzwischen, wenn Sie befehlen, so kann ich auch diese Verwandwandlung auf beyden Theilen unterhalten.

Herr von Liebreich.

Nein, da ich es weiß, würde es ein Verbrechen seyn. —— Es gehe, wie es wolle, so geben Sie jeder ihre eigene Gestalt wieder.

Zauberer.

Im Augenblick, und vielleicht — (ich sage es noch einmal) wird dieser der glücklichste Ihres Lebens seyn!

Herr von Liebreich.

Ich bin in einer Unruhe ...

Zauberer.

Laßen Sie sich nichts beunruhigen. Diesen Morgen, als er aufgestanden war, habe ich sie auf sein elendes Lager geführet: und seit der Zeit hat er sie beständig so gezüchtiget, daß Sie, wie ich hoffe, die

Früchte

Früchte seiner Zucht genießen werden. ——
Ich verlasse Sie, leben Sie wohl!
(Geht ab.)
Herr von Liebreich.

Nun, ich erwarte es: sonst — räche ich mich an Ihnen —

Sechster Auftritt.
Herr von Liebreich, Jobsen.

Herr von Liebreich.

Nun, Meister Jobsen, wo ist Eure Frau? — was machet sie?

Jobsen.

Je, ich habe sie nicht von der Stelle bringen können, und komme eben deswegen, Ihre Gnaden um Vergebung zu bitten. Sie liegt hier vor der Thüre. Ich dachte immer gar, es würde ihr die Seele ausfahren. Da ich hinaus auf den Sadl kam,

kam, fiel sie mir in eine solche Ohnmacht, daß ich sie durch nichts, als ein Paar derbe Zwicke in die Nase, und ein halbes Dutzend Hiebe wieder zu sich selber bringen konnte.

Herr von Liebreich.
Laßt sie doch herein kommen.

Jobsen.
Heh Frau! herein!

Siebenter Auftritt.
Die Vorigen, der Kellner.
(Dieser bringt die Frau von Liebreich geführt; er hat ein Licht in der Hand, und hält es ihr vor, um sie zu besehen.)

Kellner.
Nun wie hälts? ... (er erkennt sie) O Himmel und Erde! —— Ist dieß nicht unsere Edelfrau?

Jobsen.

Jobsen.

Närrischer Kerl, nun fängst Du sie an in eine Edelfrau zu verwandeln, da sie mich zuvor zu einem Edelmanne machen wollte?— (Er sieht sie an) Wie? was? zum Henker, das ist sie! —— Blitz und Hagel! wie geht das zu?

Kellner.

Ich dachte mirs bald, daß jene zu gut für uns wäre. Der Himmel sey mir gnädig! nu werde ich den Wassertrog angestrichen kriegen.

Edelfrau.

Ach! werden Sie mich noch nicht kennen, gnädiger Herr? Mit Recht haben Sie mich vorhin verläugnet. Ich habe es verdienet, und denke mit Thränen und Reue an mein vergangenes Bezeigen. Wollen Sie mich aber wieder aufnehmen, so soll der Rest meiner Tage in einer immerwährenden Bemühung bestehen, Ihnen und andern gefällig zu seyn.

Herr

Herr von Liebreich.

Von ganzem Herzen! Ist diese Gesinnung Ihr wahrer Ernst: so werden Sie mich zum glücklichsten Manne in der Welt machen.

Jobsen.

Was tausend! soll ich mein Weib verlieren? das Ding geht nicht an, gnädiger Herr. — Wenn sie allenfalls noch ein zehn Jahre älter wäre: aber . .

Ein Weib, das munter, jung und flink,
Ist wirklich doch ein artig Ding:
Ihr niedliches Schmeicheln,
Ihr schelmisches Heucheln
Bezaubert uns auf tausend Art:
Bald krabbelt sie mich an dem Bart;
Bald heisset sie mich um die Wette;
„Mein Zeckel, mein Schatz;"
Ich krieg' sie beym Latz,
Und wir gehn schäkernd zu Bette.

Achter

Achter Auftritt.
Die Vorigen, Lieschen, Hannchen.

Lieschen.

O gnädiger Herr! wir sind ganz außer uns! Es hat sich die wunderbarste Begebenheit zugetragen: die gnädige Frau hat eine solche Ohnmacht gehabt, daß wir sie fast für todt hielten.

Jobsen.

Wieder eine Ohnmacht? was wird endlich aus den Ohnmachten allen herauskommen? Sie hätten nur meinen Knieriem zu Hülfe holen dürfen.

Hannchen.

Und da sie wieder zu sich selber kam, so sah sie des Schusters Frau so ähnlich ‥

Herr von Liebreich.

Sonderbar genug!

Jobsen.

Meiner Frau? über das närrische Zeug! hahaha —

Lieschen (wird die Edelfrau gewahr.)
Himmel! da steht unsere Edelfrau!

Edelfrau.

Fürchtet nichts, meine Kinder! Ihr sollt ins Künftige alle durch mich glücklich werden.

Herr von Liebreich.

Ich weiß das ganze Räthsel! — (zu den Mädchen) Geht, holt die Musikanten. Dieser Tag soll auch für Euch ein Festtag seyn, so wie er es für mich ist. Bittet eure Freunde und Nachbarn zusammen! —

(Die Mädchen gehen ab.)

Neunter Auftritt.
Lene, die Vorigen.
Jobsen.

Das Ding ist alles ganz gut! aber noch einmal: Sie behalten meine Nebenfrau für sich, gnädiger Herr, und jene hat sich verwandelt? — Wo zum Henker komme ich zu meiner Frau wieder? ‒ ‒ ha, da kömmt ja ein Ding, das Zeckels Lenen ähnlich sieht!

Lene (kömmt ganz betäubt.)

Mir ist — ich weiß nicht wie?
Nein: so was fühlt' ich nie!
Schwarz war mir vorm Gesicht,
Ich sah, ich hörte nicht:
Noch ist es mir im Kopf ganz dumm;
Die Erde läuft mit mir herum;
Nein, so was fühlt' ich nie!
Mir ist — ich weiß nicht wie? ‒ ‒ ‒
          (Sie wird Jobsen gewahr.)
Je, Jobsen, bist Du da?

Jobsen.

Jobsen.

Bist Du's, oder bist Du's nicht? Die schönen Kleider sehen Dir nicht ähnlich, und dem Gesichte nach — wahrhaftig! wie ein Tropfen Wasser dem andern!

Herr von Liebreich.

Es ist allerdings Deine Frau, und eine liebe, gute Frau.

Lene.

O ja ich bin's, mein Herz sagt mir's, wenn mich gleich der Hexenmeister ein Weilchen zu einer hübschen Frau gemacht hätte.

Jobsen.

Also gefiel Dir doch das Ding? . . Gnädiger Herr, gnädiger Herr! es juckt mir die Stirne gewaltig!

Herr von Liebreich.

Sey ruhig, Jobsen! außer einem Kuße . .

Jobsen.

Ich muß es glauben, und will es glauben. Ich könnte es doch nicht ändern:

Was ich nicht weiß,
Macht mich nicht heiß.
Ein Mann, der zu viel wissen will,
Erfährt
Mehr, als er gerne hört:
Drum, ist er klug, so schweigt er still,
Denn was er nicht weiß,
Das macht ihm nicht heiß,
Und er erfährt
Nicht mehr, als er wohl gerne hört.

Lene, komm, gieb mir einen Schmatz! · ·
Aber nein; es wäre um die schönen Kleider
Schade, wenn Du sie beschmutzteſt: Du
ſiehſt darinn wie was rechts aus.

Kleider machen Leute,
Kränze machen Bräute,
Und ein weißer Federhut
Steht auch manchen Dummkopf gut!
Sieht man Lenen ihren Mann,
Meiſter Jobſen Zeckeln, an?
Ja doch, nur nicht heute!
Kleider machen Leute.

Lene.

Lene.

Ach! geh Du immer her, Jobsen. Ich merke doch, daß ich die schönen Kleider wieder abgeben muß, und alsdann ists einerley, ob sie beschmutzt sind oder nicht.

Herr von Liebreich.

Nein, meine gute Frau. Ich weiß, meine Gemahlinn williget drein, daß Ihr sie zum Andenken dieser Begebenheit behaltet.

Edelfrau.

Von Herzen gerne, und ich will Euch noch verschiedenes zusammen suchen, damit Ihr Euch einen rechten Sonntagsstaat zusammen machen könnt.

Lene.

O Gemine! Jobsen, die schönen Kleider sind meine? Wie vornehm will ich nicht darinnen thun!

Ob mir die schönen Kleider stehn?
Das ist die Frage nicht:

Hat man ein artiges Gesicht,
So steht uns alles, alles schön:
Ich bin noch jung: wie kann es anders seyn?
Nicht wahr, ihr Herrn, die Kleider stehn mir
fein? —
Nicht wahr?

Jobsen.

Werde mir nur nicht zu vornehm! die Vornehmigkeit taugt bey Weibern nicht viel, denn sie sehen darnach die Männer nur für ihre Hofnarren an.

Herr von Liebreich.

Dazu ist Eure Frau zu bescheiden. Begegnet ihr nur, wie es einem vernünftigen Manne zukömmt.

Jobsen.

O Ihre Gnaden glauben nicht, was für Vernunft in meinem Knierieme steckt. • • • Noch eins, gnädige Frau! bald hätte ich vergessen, Sie um Verzeihung zu bitten, daß ihn auch die Vernunft ein bischen zu sehr bey Ihnen übereilet hat.

Edel-

Edelfrau.

Stille, Jobsen! — Mein lieber Gemal, leihen Sie mir Ihre Börse. — Da, Meister Jobsen, habt Ihr etwas für die Ohrfeige, die ich Euch gegeben habe.

Jobsen.

Gnädige Frau, wenn Sie alle Ohrfeigen so bezahlten, so bitte ich, mir gelegentlich mehr aus. — (bey Seite.) Hätte ich das Ding vorher gewußt, ich hätte ihr noch zu mehrern wollen Gelegenheit geben!

Heysa, heh, nun hab' ich Geld!
Braucht' man mehr in dieser Welt?
Dieß giebt selbst Verstand den Thoren,
Und macht Schöpfe hochgeboren.
Wollt' ich jzt noch Junker seyn?
Geld nur her! man geht es ein:
Doch ich bin kein Dummkopf! Nein, —
„Herr von Zeckel" pfui, nein, nein;
Meister Zeckel klingt recht fein;
Und es sprächen doch die meisten:
Schuster, bleib bey deinem Leisten!

Herr von Liebreich.

Ihr habt Recht, Zeckel, kauft Euch dafür Leder und arbeitet fleißig.

Jobsen.

Juchhe, nun bin ich der König von allen Schuhflickern! — Lene, hier hast Du meine Hand; Du sollst keinen Schlag mehr von mir kriegen, es müßte es denn das Hausregiment erfordern.

(Man hört hinter dem Theater ein freudiges Getös und Instrumenten stimmen.)

Herr von Liebreich.

Was giebts denn draußen?

Zehnter Auftritt.
Die Vorigen, der Kellner und die Bedienten.
Kellner.

Das Hausgesinde von Ihre Gnaden möchte gern diesen Tag recht vergnügt begehen,
so

so wie Sie ihnen die gnädige Erlaubniß gegeben haben, und fragt also ..

Edelfrau.

Ich dächte, mein liebster Gemal, wir ließen sie hereinkommen? Ich werde dadurch um besto eher dieser Leute Liebe wieder gewinnen, ie mehr ich sie durch meine Strenge wider mich aufgebracht habe.

Herr von Liebreich.

Von Herzen gerne! Sie wissen nur zu gut, was es mir für Freude machet, wenn ich alles um mich her glücklich sehe. ——
(Zum Kellner) Sie mögen herein kommen!

Jobsen.

Das ist brav! Es wird noch zum Beschluß etwas zu saufen geben! — Nicht wahr, gnädiger Herr, ich bin mit die Hauptperson im Spiele?

Herr von Liebreich.

Das versteht sich.

Eilfter Auftritt.
Die Vorigen.

(Es kommen die Bedienten nebst den Mädchen. Der Koch zerret sich mit dem blinden Musikanten unter der Thüre herum, und reißet ihm seinen Stock aus der Hand.)

Andreas.

Heh! mein Stock! mein Stock! laßt mich fort! ich will nicht hinein, und wenn ihr mich in Stücken zerrisset: —— ich will nicht noch einmal meine Geige an mir zerschlagen lassen.

Koch.

Vater, seyd kein Narr! Unsere gnädige Frau ist itzt die beste Herrschaft von der Welt.

Andreas.

Es trau' ein anderer! Der Teufel müßte sich selbst ins Spiel gemischt haben: denn wenn eine böse Frau gut werden soll ‥

Koch.

Koch (hält ihm das Maul zu.)
Halts Maul! sie ist selber da.

Edelfrau.

Seyd ruhig, guter Mann: ich will Euch das Vorige abbitten, und Ihr sollt wöchentlich einen kleinen Gehalt von mir haben.

Andreas.

Ja das ist etwas anders, gnädige Frau? —Der Himmel vergelte Ihnen Ihre Prügel!

Jobsen.

Der Puckel fängt mir ordentlich darnach an zu jucken; - - heh! ich dächte, wir tränken eins herum, und stimmten eins dazu an?

Kellner.

v. 1.

Wenn eine Frau das Joch zerbricht,
Dem Manne troßt ins Angesicht,
Ihm schmäht und zänkisch widerspricht:
Wie beugt er sie? durch Schmeicheleyn,

Durch

Durch Freundlichkeit und Demuth? Nein!
Nur durch den Kuleriem kann es seyn.
(Die Antwort wird von den übrigen allezeit
   wiederholt.)

Lieschen.

v. 2.

Doch wenn der Mann ein Wütrich ist,
Von Wein und Bier stets überfließt,
Sich pflegt und seine Frau vergißt:
Gewinnt sie ihn durch Schmeicheleyn,
Durch Freundlichkeit und Sorgfalt? Nein!
Sie kann nichts anders thun, als schreyn.

Koch.

v. 3.

Wenn sich die Frau dem Spiel ergiebt,
Den Mann erst nach der Karte liebt
Und sich bey ihm im Diebstahl übt:
Bekehrt er sie wohl durch Verzeihn?
Durch Bitten und Geschenke? Nein!
Er kann nicht anders, als sie bläun.

Hannchen.

v. 4.

Doch wenn der Mann, wie eine Pest
Umher schleicht, Geld zusammen preßt,
Und seine Frau verhungern läßt:

Wie hilft sie sich? durch ängstlich Schreyn,
Durch Sparsamkeit und Betteln? Nein!
Da muß der Mann betrogen seyn.

Jobsen.
v. 5.
Wenn eine Frau den Mann verschmäht,
Und wo ein andrer Haushahn kräht,
Den Kamm wollüstig nach ihm dreht;
Was muß er thun? geduldig seyn,
Und Reverenze machen? Nein!
Er klopft sie aus und sperrt sie ein.

Lene.
v. 6.
Und wenn der Mann das Land durchstreift,
Zu andern jungen Weibern läuft,
Dort freundlich ist, zu Hause keift:
Wie? soll sie noch gehorsam seyn,
Und sich zu Tode grämen? Nein!
Dann ladet sie den Nachbar ein.

Andreas.
Ey zum Henker! da ist meine Geige: ich will kein Narr mehr seyn, und umsonst vorgeigen.

Herr von Liebreich.
So gebt doch dem armen Manne etwas zu trinken!

Kat-

Kutscher.

Ey, er kann den Bogen mit Calfonium streichen: darzu braucht er weder Wein noch Puntsch.

(Sie geben ihm etwas zu trinken.)
Kellner.

Ich dächte, die gnädige Herrschaft erlaubte uns auch ein Tänzchen. Es schmeckt dazu ein guter Trunk noch einmal so gut.

Edelfrau.

Thut alles, meine Kinder, was Euch einiges Vergnügen machen kann. — Kommen Sie, liebster Gemahl, damit wir sie nicht durch unsere Gegenwart stören. Die Freude verlangt Freyheit.

Herr von Liebreich.

Welch ein glücklicher Tag für mich und für uns alle!

Alle.

Es lebe unser gnädiger Herr und seine liebe Gemahlinn!

(Der Herr und Frau von Liebreich gehen ab.)
Jobsen.

Jobsen.

O herrliche Frucht meines Knieriems!

Kellner.

Nun komm', Jobsen, laß uns eins tanzen.

Jobsen.

Tanzt immer zu, ihr Herren! Ich bin kein großer Freund vom Tanzen, (bey Seite) und kann indessen einen Schluck mehr thun. Die Gelegenheit kömmt nicht alle Tage.

Kutscher.

Nun, Vater Andres, spiel' auf!

Andreas.

Nicht rühr' an, wenn ich nicht was zu trinken kriege!

Alle.

Der Teufel ist ein böser Mann,
Er stiftet lauter Unheil an;
Doch oft betrügt er sich: Wie gut
Wirkt oft das Böse, das er thut!

Kell-

Kellner.

v. 1.

Melisse läßt sich etwas nehmen,
Was Jungfern sich zu nennen schämen,
Und sie beweinet ihr Geschick:
Doch hätte man ihrs nicht genommen,
Sie hätte keinen Mann bekommen;
Ihr Unglück ist ihr Glück.

Andreas.

Zu trinken her, oder . .

Alle.

Der Teufel ist ein böser Mann ꝛc.

Lieschen.

v. 2.

Melamp, zu stetem Zank gebohren,
Als er jüngst im Proceß verloren,
Verfluchte tobend sein Geschick:
Seit dem hat er den Zank vermieden,
Und lebt mit jedermann in Frieden;
Das Unglück ist ein Glück.

Andreas.

Heh! was zu trinken her! ——

Alle.

Der Teufel ist ein böser Mann ꝛc.

Koch.

Koch.

v. 3.

Der Wuchrer Stax, dem Krieg gewogen,
Der falsch gemünzt, das Land betrogen,
Schmählt itzt im Frieden aufs Geschick:
Itzt hätt' er Zeit, es zu bereuen;
Doch plagt der Teufel ihn vom neuen,
So kennt er nicht sein Glück.

Andreas.

Nun, wann wirds? wo ich nichts zu trinken kriege . .

Alle.

Der Teufel ist ein böser Mann ꝛc.

Hannchen.

v. 4.

Kleant versaget seinem Weibe
Spiel, Tanz, und andre Zeitvertreibe,
Und sie klagt über ihr Geschick:
Doch hätt' er ihr stets nachgegeben,
Itzt müßte sie vom Spinnen leben;
Ihr Unglück ist ihr Glück.

Ans Parterr.

Jobsen und Lene.
Behaupten kritische Korsaren,
Der Teufel sey in die gefahren,
Die unsern Teufel nicht verschmähn:
O widerlegt die Splitterrichter
Durch Beyfall, freundliche Gesichter,
Und kommt, ihn oft zu sehn.

Alle.
Der Teufel ist ein böser Mann ꝛc.

www.ingramcontent.com/pod-product-compliance
Lightning Source LLC
Chambersburg PA
CBHW031322160426
43196CB00007B/630